写真①

写真②

写真③

写真④

写真⑥

写真⑤

写真⑦

写真⑧

写真⑨

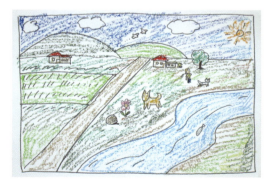

写真⑩

箱庭療法学
モノグラフ
第6巻

イメージの
治癒力をめぐって

友久茂子

On the Curative Aspects of the Image

Shigeko TOMOHISA

創元社

刊行によせて

　箱庭療法（Sandplay Therapy）は、スイスの心理療法家カルフ氏によって創案され、河合隼雄（本学会創設者）により1965年に日本に導入された。その非言語的な性質や適用範囲の広さ、そして日本で古くから親しまれてきた箱庭との親近性などから、心理療法の一技法として、以降広く国内でも発展を遂げてきたことは周知のことであろう。現在でも、心理相談、司法臨床、精神科・小児科等の医療、さらに学校・教育など、さまざまな領域での心理臨床活動において、広く施行されている。

　一般社団法人日本箱庭療法学会は、我が国唯一の箱庭療法学に関する学術団体として1987年7月に設立された。以来、箱庭療法学の基本的課題や原理に関して、面接事例およびその理論的考察などの発表を通して、会員の臨床活動および研究活動の相互発展を支援することを目的に活動を行ってきた。

　そして、本会学会誌『箱庭療法学研究』では、創刊10周年を機に、夢・描画などの、箱庭療法と共通するイメージへの深い関与が認められる研究も取り上げることとなった。今後ますます社会的な要請に応えていかなければならない心理臨床活動において、「イメージ」を根底から見据えていく研究は必須でありまた急務である。こうして本学会は、箱庭療法研究推進の中核的役割を担うとともに、広く心理療法の「イメージ」に関する研究推進を目指し、会員の研究、研修や活動支援を行う学術団体へと発展しつつある。

　このような経緯のなか、このたび、「木村晴子記念基金」から予算を拠出し『箱庭療法学モノグラフ』シリーズを刊行する運びと

なった。本シリーズは、箱庭をはじめとする、心理臨床における「イメージ」に関わる優れた研究を、世に問おうとするものである。

　故・木村晴子氏は、長年にわたり箱庭療法の実践と研究に取り組まれ、本学会においても理事や編集委員として大きな貢献をされてきたが、まことに残念なことながら、本会理事在任中の2010年にご逝去された。その後、箱庭療法を通じた深いご縁により、本学会が氏の特別縁故者として受けた財産分与金によって設立されたのが「木村晴子記念基金」である。

　氏は、生前より若手研究者の研究促進を真に願っておられた。本シリーズの刊行は、そうした氏の生前の願いを受ける形で企画されている。本シリーズが、箱庭療法学ならびに「イメージ」に関わる心理臨床研究の発展に寄与することを願ってやまない。

2014年10月
一般社団法人　日本箱庭療法学会

木村晴子記念基金について

　故・木村晴子氏は、長年にわたり箱庭療法の実践・研究に力を尽くされ、主著『箱庭療法──基礎的研究と実践』(1985, 創元社) をはじめとする多くの業績を通し、箱庭療法の発展に大きな貢献をされました。また、氏は本学会の設立当初より会員 (世話人) として活動され、その後も理事および編集委員として本学会の発展に多大な貢献をされました。2008年には、本学会への貢献、並びに箱庭療法学発展への功績を評され、学会賞を受賞されています。

　木村晴子記念基金は、上記のように箱庭療法に取り組まれ、本学会とも深い縁をもつ氏の特別縁故者として本学会が受けた財産分与金によって、2013年に設立されました。『箱庭療法学モノグラフ』シリーズと題した、博士論文に相当する学術論文の出版助成や、本会学会誌『箱庭療法学研究』に掲載される外国語論文の校閲費等として、箱庭療法学の発展を支援するために使途されています。

　なお、詳細につきましては、本学会ウェブサイト内「木村晴子記念基金」のページ (URL：http://www.sandplay.jp/memorial_fund.html) をご覧ください。

一般社団法人　日本箱庭療法学会

目　次

刊行によせて　i
木村晴子記念基金について　iii

はじめに　3

序　章　今なぜ「イメージ」なのか 9
第1節　イメージとは何か　9
第2節　「私」の心理臨床──ブックレビューを通して　13
第3節　「こころ」の質的変化への対応として　26

第I部　心理臨床実践における「私」の体験

第1章　「イメージ」を受けとめることの困難 31
第1節　マンハッタンでの体験と旅立った「彼」への思い　31
第2節　「彼」と向き合った「私」の体験　34
第3節　「イメージ体験」の意味と重要性　42

第2章　「イメージ表現」の重要性 48
第1節　解離症状を抱えた「アイさん」について　48
第2節　アイさんが表現したイメージの流れ　50
第3節　表現されたイメージの意味　56
第4節　クライエント・治療者間におけるイメージのはたらき　63

vi

第3章　イメージの境界性 ································ 66

第1節　「境界」について　66

第2節　境界イメージの体験──喪失体験を繰り返した女性の夢　69

第3節　境界なき世界から境界領域へ　76

第4節　境界イメージの重要性　82

第4章　境界イメージとしての「母性的風土」 ················ 84

第1節　「グラウンド」と「グラウンドゼロ」　84

第2節　摂食障害の娘を持つトヨさんの語り　87

第3節　母親のイメージ体験　93

第4節　母性的風土を育むこととイメージ体験　99

第5章　発達障害傾向の若者の増加とイメージ体験 ·········· 102

第1節　発達障害傾向の若者の増加　102

第2節　「この世の果てに来てしまった」と訴えたチカさんの物語　105

第3節　チカさんのイメージ表現　115

第4節　発達障害傾向の人への心理療法の可能性　123

第II部　情報化社会に求められる日本人の
イメージとしての「母性的風土」

第6章　「母性社会」と日本の「風土」 ···················· 137

第1節　「母性社会」の崩壊　137

第2節　母性社会を形成する日本の風土　143

第7章　『遠野物語』にみる日本人のイメージ ·············· 148

第1節　柳田国男と『遠野物語』　148

第2節　『遠野物語』のイメージ　153

第3節　境界的イメージについて　162

目 次 vii

第8章 母性的風土としての茶湯 165
『本覚坊遺文』を通して

第1節 文化としての茶湯 165

第2節 『本覚坊遺文』のイメージ 167

第3節 イメージ体験としての茶湯 174

第4節 心理臨床実践における母性的風土 182

終 章 母性的風土を培うこととイメージ体験の重要性 184

第1節 「私」の心理臨床実践を振り返って 184

第2節 日本文化にみる母性的風土と心理臨床 188

第3節 これからの心理臨床実践に向けて 190

おわりに 192

引用文献 195

人名索引 200

事項索引 202

初出一覧 211

謝 辞 213

イメージの治癒力をめぐって

はじめに

　急激な情報化社会の到来は、人々の心に、今までとは質的な違いを感じさせる変化をもたらし、心理臨床実践の場でも大きな変革が迫られている。医療や教育機関においては、その変化に呼応して、長期の関わりが期待される従来の心理療法やカウンセリングという手法は敬遠され、現実適応を目指した手法が「支援」という形で実施されることが多くなった。筆者が勤務する大学でも、本人や保護者の要望に応える形で、修学支援や学生生活支援を実施するようになり、そこでカウンセラーが活動する場面が増加している。このことは心の質的な変化への対応として、適切かつ重要なことであろう。しかし見方を変えると、心理臨床の専門家が人格の変容を期待するのではなく、てっとり早く現実社会に適応させることを選ぼうとしているとも言える。これは心理療法を生業とする心の専門家であるはずの私たちが、「適応」ということに余りにも目を奪われていることになりはしないだろうか。私たちがいつのまにか「心」を、現実社会に譲り渡していることになってしまうのではないだろうか。

　このように日々の実践活動において、その必要性や重要性を理解しつつも、筆者には近年の心理臨床の現場の動きが、ある種の不穏さとして感じられて仕方がない。さらに、「不寛容」やますます広がる「格差」といった今日の社会の動きや状況も考え合わせると、心に何らかの問題を抱え、一般的にいう「不適応」という状態を起こしている人たちへの対応として、私たち心の専門家は、「適応」にばかり目を向けるのではなく、このような時代だからこそ、自らの心に向き合えるよう寄り添い、その人自身が「しあわせ」と

感じることができる人格的な変容を目指すべきではないかと、最近とみに考えるようになった。

　今日のような心の質的変化をもたらす大きな要因は、さまざまな側面から考える必要があるのだろうが、筆者の体験からは、かつては豊かに存在していた、幼少期からの生の体験が不足していることにあると思われて仕方がない。筆者の考える生の体験とは、五感を刺激する「人間を含めた自然とのかかわり」とでも表現しておきたい。これは「生きた自然との一体感」へとつなげていく科学・生命誌を提唱する中村の「人間は生きものであり、自然の中にある」（中村，2013）という人間存在に対する考え方に基づくものである。生の体験不足について子どもたちの現状を考えると、例えばビルの一室で運営される保育の場を想像してみるとわかりやすい。そこでは、意識的に窓を開けたり、頻繁に園外保育を実施しない限り、外の空気、つまり風が冷たいか温かいか、雨が降っているのか雪が降っているのか、はたまた太陽がさんさんと照り、心地よいのか、暑苦しいのか幼児たちには感じることはできない。フローリングの床や音が響かないように敷き詰められた絨毯の上での生活は、大地を踏みしめたときの快感も不気味な感覚も幼少期の豊かな体験として根付かない。

　しかしながら、このように生の体験が減少したからと言って、時計の針を逆戻りさせ、人が集まる都会で、広い園庭を持った保育園を運営できるわけではなく、今日的状況では、むしろそれが事件や事故を生む危険性すらある。さらに、日々の生活は科学技術の目覚ましい発展に伴い、ますます便利になり、それに逆らうことも難しい。となれば、私たち一人ひとりが、家庭や教育の場で、日々の生活の中で、意識的に生の体験をさせる努力をするしかないと言える。そこで、筆者も大学教育としては体験型授業や感覚体験型グループ活動の実施に努力してきたが、現実的には大学生になってからの、そういったことだけで体験不足を補うことは不可能である。そこで力を発揮するのはイメージではないかと、心理臨床実践を深める中で感じ始めた。そこで本書では、筆者が心理臨床の実践において出会った方々の中でイメージを

重視した面接を行った方を取り上げ、その過程を振り返ることで、心理療法におけるイメージの治癒力について考察したい。

しかしながら、「イメージ」を問題にするとき、いわゆる「事例研究」では語り得ないものがある。つまり、心理臨床過程で取り扱うイメージとは、来室者を対象化して距離をもって考察するのではなく、来室者と治療者それぞれの意識と無意識との間に生まれてくる境界的体験であり、さらに来室者と治療者との境界にしか存在し得ないものである。いわば、両者の間に生じてくる「共通感覚」或いは「共通体験」というべきものである。そこで本書では、クライエントの体験のみを問題にするのではなく、心理臨床実践における治療者自身の体験も重視して考察した。

本書の構成は序章とそれに連なる8章と、最後の終章から成っている。8章のうち第5章までを第Ⅰ部とし、筆者が出会った方々との面接過程を通した考察である。第6章から第8章までを第Ⅱ部とし、日本人の「母性」や「風土」について概観し、それに続いて、近代化以前の世界を描いた二つの物語を通した考察を試みた。

序章では、心理臨床学研究における「イメージ」について先行研究を概観している。心理臨床におけるイメージは、それが人間の精神的営みにとって根源的、本質的であるが故に論じることが困難で、むしろ技法あるいは手段として扱われ、イメージそのものを問題にした先行研究はそれほど多くはなかった。そんな中で河合は、主体的「体験」としてのイメージを問題にし、心理療法におけるイメージの重要性を主張していた（河合, 2000b）。本書では河合の論を踏襲する形で、イメージの重要性について考察を試みた。それに先立ち、筆者自身が心理臨床家として活動する経過を、河合隼雄の著作をレビューする形で述べ、筆者の心理療法の方法やイメージに対する視点を明確にした。その上で、今日的な問題としての心の質的変化への対応として、今なぜイメージを用いるかについて論じた。

第1章は、クライエントが抱えた問題の重さゆえに、表現されたイメージに治療者が向き合えず、イメージを取り扱うことに躊躇してしまったことが

一つの要因となって自ら命を絶ってしまった、筆者がイメージの重要性について取り組まざるを得ないことを覚悟する契機になった体験である。そこで、ここでは筆者自身の内的体験を題材として、イメージを受け止めることの困難さを論じた。

　第2章では、解離症状を抱えた女子学生の面接過程を提示し、表現されたイメージの意味や治療者がそれを受けとめることの重要性を考察した。このクライエントは長い面接経過の初期に、溢れるほど夢の記述や絵を持参し、治療者を圧倒した。面接場面でも箱庭や、時には風景構成法を行い、イメージによる交流を深めていき、その中で徐々に人格変容していった。また、治療者もクライエントのイメージに揺り動かされつつも、両者のイメージによる交流は長く続いた。ここではこの面接の経過を振り返ることで、心理療法におけるイメージの重要性を展望した。

　第3章では、繰り返し喪失体験をした母親の面接過程を提示した。このクライエントは面接経過中に父親、兄、そして息子を失った。しかし、失意の中で多くの境界的イメージを含んだ夢を報告し、自然と一体化した体験をすることで、無意識の奥に追いやっていた、幼いころの体験、身近な双子の弟の壮絶な死について語り、「死」を受け入れることが可能になっていった。この経過を振り返ることでイメージの境界性について主張した。

　第4章では、食の病を抱えた女子大学生の母親のイメージ体験を提示して、今日という時代に子どもや若者を育てていく上で求められることは、母と子の関係や、家族の在り方だけを問題にするのではなく、人間が五感で捉え得る自然、それを超えるものとの交流など、境界的世界の体験、「母性的風土」と呼ぶべき体験が重要であることを展開した。

　第5章では、当初は摂食障害を抱えた学生として学生相談室に来室し、退学後、クリニックに来室するようになり発達障害が疑われた女性の面接過程を提示している。学生相談における面接は、主に大学を卒業し自立するための努力をすることになるが、退学後の長い面接過程では、夢を報告し豊かなイメージ体験をする時期があった。そこで、前半では学生相談としての在り

方を、後半はクリニックの面接過程で表現した夢のイメージを取り上げ、その意味を考察した。

第6章では、第3章、第4章の面接経過において見えてきた境界的イメージは、筆者が「母性的風土」と名付けたように、日本人に共通した「イメージ」として存在するのではないかと考えた。それは日本人を問題にするとき、「母性」あるいは「母性社会」として論じられることが多かったこと、また、海を境界とし南北に長い列島として位置する日本の風土は、しばしば特殊な存在として論じられるためである。そこで「母性社会」と言われた日本の今日的状況や、日本の「風土」について、心理臨床の近接領域である哲学や地理学からの知見なども援用して、それらに対する筆者の視点を明確にした。

第7章では、第6章で見えてきた日本的心性としての「母性的風土」が、近代化以前には確かに存在していたと考えられる。それを明確に語るものとして、『遠野物語』（柳田, 1910/1973）を取り上げ分析を試みた。『遠野物語』は日本の近代化が十分でないころ、人々が生活の中で動植物やそれを超えた神仏との出会い、自らの心を育くんでいったと思われる出来事が短い物語として語られる。それらは近代化で失ってしまった日本人の心奥にある境界的世界を描いたものと考えることができた。

第8章では、千利休に近接した僧「本覚坊」が綴ったとされる手記を、小説家井上靖が翻訳したとされる『本覚坊遺文』（井上, 1981）を分析することで、生活文化である茶湯が非日常として体験されるとき、深い癒しであるイメージ体験として機能することを述べ、代表的日本文化としての茶湯が、境界的イメージの体験を可能にし、母性的風土として作用することを展望した。

終章では、各章において得られた心理臨床におけるイメージ体験の重要性に関する筆者の考えをまとめ、全体的な考察を行い、今後の研究課題について述べた。

本書は、筆者の心理臨床の実践を通して感じ始めた心の問題が、急激に押し寄せる機械化・情報化に伴う生の体験の不足に要因があること、しかし、

生の体験をすることは今日では相当意識的に行なわなければ、困難になっていること、それを補うものとして重要な役割を果たすのが「イメージ体験」であることを主張している。従って、筆者なりに、序章から終章までの流れを考えて自らの主張を展開してきたつもりである。しかし、筆者の主張として捉えるのではなく、第Ⅰ部ではそれぞれの章について、心に何らかの問題を抱えた人が、イメージを通して癒され変容していかれた過程として読んでいただいても意味があると思う。

　第Ⅰ部のそれぞれの章の登場人物は、心理臨床実践で出会った多くの人々を通して筆者のイメージとして生まれてきた人物像であり、現実的な出来事は筆者の創作であるが、夢を語っていただき、箱庭を製作してくださった方々は筆者にとっては印象深い方々である。ご了解を得て使わせていただいたが、それぞれの心の変容過程を綴った一つの物語としても読んでいただければ幸いである。

　第Ⅱ部は筆者が尊敬と感謝の念をもって、先人たちの著作を概観し分析したものだが、興味を持ってくださる方があれば、原著に触れていただければ、イメージの治癒力をより実感していただけるのではないかと思われる。

序　章

今なぜ「イメージ」なのか

第1節　イメージとは何か

　目を閉じるとふと思い浮かぶものや風景などを、一般には「イメージ」という。『広辞苑第六版』(新村 (編), 2008) によれば、「心の中に思い浮かべる像・全体的印象」とある。これらの場合どちらかといえば視覚的である。WEBサイトで「イメージ」を検索してみても、「心に思い浮かべた映像」「〜のように思い浮かべた」「全体的に心に抱く印象」とあり、明確なものではなくぼんやりとしており、より捉え難い気分や感情を伴ったもののようである。このように、ほとんどの場合視覚的であるが、イメージは必ずしも目に見えるものだけではなく、五感が感じることができるすべてに存在しているともいえ、さまざまな場面で「イメージ」は用いられている。ここでは、心理臨床の実践におけるイメージについて、まず「イメージとは何か」について考えてみたい。したがって、ここで取り扱っているイメージは、外的現実との関連において考える実験心理学のそれではなく、どこまでも個人の内的体験としてのイメージを問題にしている。

　内的体験としてのイメージといえば、ユング (Jung, C. G.) は『タイプ論』の第十一章「定義」の中で彼の考えるイメージを定義している (Jung, 1969/1987)。それによると、イメージは「外的客体の心的模造ではなく、むしろ詩の慣用

句としての『思い浮かべること』、すなわち外的客体の知覚とは間接的にしか関係のない夢想イメージ」としており、それは「通常は現実的価値を持たない」けれども「内的要請への適応を目指している」場合には、「現実の意味を凌ぐほどの大きな心理的価値を持ちうる」としている。内的イメージについては、単に無意識の内容だけを表わすのではなく、「多種多様な素材から構成された、複合体である」としており「心の全般的状況を凝縮して表わすもの」と述べている。ユングの言葉は難解だが要約すると、「心の中に浮かぶようなことを凝縮した形で表したもの」と言えるのであろう。

　経済学者のボウルディング（Boulding, K. E.）は『ザ・イメージ』（Boulding, 1956/1962）のなかで「過去経験の総合結果としてイメージができ」「行動がイメージに依存している」と述べて、精神活動だけでなく社会活動にとっても、イメージがいかに重要な働きをするかを論じている。実際、昨今のマスメディアの情報を見ても「イメージ戦略」「イメージ選挙」といった言葉が頻繁に使用され、政治や経済活動に関わっていることは明白である。

　「精神人類学」という視野を想定して、イメージの問題に取り組んだ藤岡は、イメージの独自性や本質性について「人間は、イメージ・タンクそのものの所有者であり、イメージによって人間は行動し、イメージが行動の具体的な細部まで指導している」（藤岡, 1974）と述べ、人間はまるで、イメージの塊のようなものであり、人間の活動にとってイメージが本質的な問題であることを主張している。

　また、シェイク（Shaikh, A. A.）がイメージを適用した心理療法についてまとめた『イメージ療法』（Shaikh, 2002/2003）の第1章には、アリストテレスの時代から、ルネッサンスを経て、1900年代の西欧におけるイメージ・アプローチ、そして、現代アメリカにおけるアプローチまで、イメージを用いた心理学や心理療法の歴史が概観されており、古代ギリシャの時代から今日まで、イメージが重要な働きをしていたことがわかる。しかし、大著『イメージ療法』の第2章から第20章までは、すべて、技法としてのイメージが述べられ、「イメージとは何か」に応えているわけではない。日本でもイメージ

を適用した技法は多岐にわたり、催眠療法、自律訓練法、箱庭療法、夢分析、芸術療法に至るまで、多数の著作が編まれ、それぞれが独自の心理学理論に基づいた技法を編み出している。これらのことは、イメージが人間にとって極めて根源的・本質的であり心理療法の技法として重要な役割を担っていることを物語る。しかし、一方で「イメージとは何か」と、その本質を言語で述べることが極めて難しいことも示していると言える。

　このようにイメージの問題を語ることの難しさについて、河合はイメージや心理療法の総論的論文を書くとき、書き出しの表題を「イメージと人間存在」と付け、その表題に対して相当に迷ったことを表明して、「このような論文を書こうとすると、心理療法とは、人間とは、という問いにぶつかって、そこで考え始めると終わりがなくなる」（河合，2000b）と語っている。とはいえ、河合は同論文において的確にわかりやすくイメージについて述べているので引用を入れながら紹介したい。

　河合は、まず人間の存在について、人間は自然の一部であるが、「人間の存在が、『自然（ネーチャー）に反する』本性（ネーチャー）を持っており」、その特性の中でも「『意識』、『言語』（これは意識の道具ともいえる）をもっていることは、もっとも重要であろう」と述べ、木や鳥の例を挙げて説明している。つまり、動物が何かを認知する時、「その体験は『！』としか表現できないが」、動物にとってはその体験が、その場で生きることの体験に組み込まれている。しかし、人間の体験は言語的に認識した途端、一義的に限定されてしまう。そしてそれは記憶として組み込まれ、それによって、ものごとを判断し行動する自我が強固に形成されてゆき、「自我こそ反自然の元凶」とさえ言えるとしている。しかし、一方で、人間が言語を獲得したことによって、自我が形成され、自我はいろいろな文明を築き、科学技術を進歩させ、自然をコントロールし、便利で快適な生活を獲得することになったことを述べ、その「自我」が自然と著しい乖離を始めたとき、全体性を回復しようとして、意識と無意識の呼応関係が成立し、それがイメージとして把握されるとしている。そして、イメージの特性として次の7つを挙げて説明している。第一

に自我のコントロールを超えており、自律的であること。第二に身体感覚として感じられて、具象的であること。第三には、ユングが先の定義に「多種多様な素材から構成された、複合体」と述べているように、一つのイメージにはさまざまなことが集約され、多義的であること。第四に夢を体験すればわかるように、それを見た人が実際に体験したように感じられ、直接的であること。第五にはユングの言葉を引用して、「記号的把握」ではなく「簡単に言葉で置き換えられないものを表わしている」という言い方をしている。第六には「全世界で唯一のものであり、生きること自体が創造である」として、創造性を挙げている。最後に、「イメージは心的エネルギーを、意識へと運びこんでくる」として、心的エネルギーの運搬をその特性としており、イメージがいかに有用で強力かを述べている。しかし、その強力さのために、熱狂的肯定や否定を引き起こすなど、心理療法でイメージを用いるときの危険性についても触れ、イメージは解釈や分析することより、イメージそのものを「生きること」が重要であるとしている。

　また河合は、「イメージの『私』性」という一節を設けて、犬の夢の例を挙げて次のように語っている。「イメージとは単なる視覚像ではなく、その犬を見たときの驚きや恐れなどの感情体験が伴っている」「従って、これらのことは、イメージというよりはイメージ体験とでも言う方がいいであろう。このイメージ体験そのものは、その当事者のみの知るところである。つまり、『私』性の極めて強いものである。しかし、その人はその体験を他に表現することによって、それを他に伝えることができる。それがイメージ体験の表現である」（河合, 1991a）

　このように述べて、イメージを「イメージ体験そのもの」と「イメージ体験の表現」、さらに、自分の内的世界を自由に表現しているうちに生まれてくる「外在化されたイメージ」に分類している。本書で扱うイメージは前者二つで、河合の論を踏襲する形で、イメージ体験そのものを重視し、心理臨床の実践や物語の中でイメージとして表現された「語り」を中心に、そのイメージに寄り添うことで、それらが持つ意味や重要性を明らかにしたい。

しかし、河合は心理療法におけるイメージを研究する際の問題として、体験を共有することが欠かせないが、研究する場合にはそれを対象化して言語化するという仕事をする必要があり、そのバランスが極めて難しいことをあげている。つまり「言語化を焦るとイメージの生命力を殺してしまうし、さりとて、イメージの体験の共有に流されてしまうと、全くの混沌の状態に落ちこむことになる」と述べ、さらに「イメージの心理学を理解するためには、その人も自分自身のある程度の体験を必要とする」と、研究者自身の「体験」の必要性を述べている。言い換えれば、イメージの問題を語ろうとすれば、語る人自身の体験が問題になるということができる。

そこで、第2節では筆者が心理療法の場に足を踏み入れて以来実践してきた心理療法の方法について、自らの体験を述べつつ、筆者の心理療法の理論的礎である河合隼雄の著作をレビューする形で、その視点を明確にしたい。

その後、近年の人々の心の在りようの変化について述べ、今なぜイメージについて考える必要があるかを明確にできればと思う。

第2節　「私」の心理臨床──ブックレビューを通して

1.「私」にとっての河合隼雄

筆者が27年間勤めた大学の学生相談室は開室当初から、ユング派分析家で後に文化庁長官を務めた河合隼雄を迎えて、毎年一度講演会を開催していた。11年前の2006年7月にも18回目の講演会「こもりと夢──現代人への処方箋」（河合隼雄, 2008）を無事終え、大きな安堵感を得て大学は夏休みに入っていた。筆者もお盆の休みを終えて、ぼんやりと過ごしていた8月19日の夜、河合が自宅で倒れ重体であると、テレビのニュースが伝えているのを聞いた。それでも、この時、数ヵ月もすれば回復し、「閻魔さんに呼ばれて、ちょっと会いに行ったけど、『まだ宿題が残ってる』と言われて帰って

きた」などと冗談を言って、私たちの前に姿を見せてくださりそうな気がしていた。しかし、それから11ヵ月間、生死の間で深く思索された後2007年7月19日、河合隼雄は遠い国へ旅立った。もともと筆者にとっては雲の上の人であり、年に一度、七夕のひこ星のように、学生相談室の講演会に姿を見せてくださる存在で、学外でお目にかかれば、筆者はただの河合ファンに過ぎない。しかし、筆者の人生、とりわけ心理臨床の場に足を踏み入れるようになってからは、河合が次々と発表する著作にのめりこんでいった。河合は誰とでも気さくに親しくお付き合いをされる方であり、「ユングクラブ」を結成し、ユングツアーで多くのファンとユング研究所を訪れる企画に同行されたりもしていたようだが、筆者はそういったことに参加して河合との距離を縮めようとはしなかった。むしろ、彼の著作を読み、教室や講演会場の片隅で彼の話に耳を傾けることで深く癒されていた。それは恐らく筆者が河合に近づき難い父親像をかぶせ、尊敬と遠い憧れの存在であったためと思われる。したがって正確に言えば、筆者の場合河合ファンというよりは、河合の著作の熱狂的ファンであり、河合の著作は筆者が心理療法に携わるようになった理論的礎であり、人生の導き手でもあると思う。そこで、筆者が心理臨床の場に立ち始めた1970年ごろから、筆者の出会った河合隼雄の著作を振り返ることで、筆者の心理臨床の立ち位置を明確にできるのではないかと考える。

　また、河合の偉業、それは単に心理臨床家、あるいはユング派分析家としてのそれのみではなく、神話や昔話、中世から現代に至るまでの文学や歴史書の紹介や分析、さらに、教育や哲学に対する知見・提言をわかりやすい言葉で語った一連の仕事も含まれる。その一端を振り返ることで、心理臨床の仕事をする上での知恵を反芻できるのではないかと考える。

2.ユング心理学との出会いと、ロールシャッハテスト

　『ユング心理学入門』（河合，1967）と初めて出会ったのは、大学4回生の臨

床心理学の授業においてであった。そのころ、カウンセリングといえばロジャースの来談者中心療法であり、筆者も『ロジャース全集』や、ロジャーリアンと言われる人たちの著作で勉強していた。そんな時、この本に出会い、「普遍的無意識」「象徴」「アニマ、アニムス」といった言葉を学び、かなり難しいことのようだがとても魅力を覚え、不思議な世界を垣間見た気分であった。大学卒業後、筆者は子どもを中心とした精神科の単科病院に勤務するようになったが、大学を卒業したばかりで、専門的な知識をほんの少し教えられただけで、何ら特別な訓練を受けることなく放り出された臨床の場では、自閉症や不登校、発達遅滞、染色体異常、子どもの統合失調症（小児分裂病）などと診断を下された子どもたちが、ほとんど教育や治療から見放されたまま、とにかく身体的な危険から身を守ることを目的として入院させられているように思われた。そんな所で自分に何ができるのか、不安なまま、二人の仲間と院内学級を作ることを試みたり、写生会や遠足、運動会や学芸会なども実施してみた。しかし、重い病理を抱えた子どもたちを対象にしているため、催しそのものは喜んでもらえたものの、心理職としての充実感は得られず途方にくれていた。そんな時出会ったのが、『ロールシャッハテクニック入門』（Klopfer & Davidson, 1964）と『臨床場面におけるロールシャハ法』（河合, 1969a）である。病院に勤めるときの条件として、週5日勤務、内1日は精神科医からリクエストが多いロールシャッハテストの勉強に通うということがあった。そのため関西ロールシャッハ研究会が主催する研修会に参加し、臨床場面で何ら戦う方法を持たなかった筆者は、ロールシャッハテストだけは自分のものにできるようにと、身近な人に被検者になってもらい必死に勉強した。その時この2冊を机の上に常備し、テストをとるたびに繰り返しページをめくっていたため、今この2冊はアンダーラインだらけで、すっかりくたびれた姿になっている。ロールシャッハテストについては、そのころすでに基礎的研究が充実し何冊かの参考図書が出ていたのだが、『ロールシャッハテクニック入門』の方は河合がフルブライト留学生としてカリフォルニア大学に留学した時師事したクロッパー（Klopfer, B.）の本を河合が翻訳したも

ので、ロールシャッハテストの入門書として、分かりやすく、明快な言葉で翻訳されているため、初心者の筆者はこれがなければ、病院勤務をすぐにやめていたのではないかと思われるほど重要な本である。留学生のころの河合とクロッパー博士との交流については、『新しい教育と文化の探求』(河合, 1978) の中でクロッパーへの追悼文として、また『未来への記憶』(河合, 2001) の中では、日本からの留学生である河合がクロッパーから助手に抜擢された時の様子について楽しそうに語っている。『臨床場面におけるロールシャッハ法』の方は、それが河合の学位論文を基礎としたものであることには全く関心を寄せぬまま、筆者が一人前の振りをしてロールシャッハテストの所見を書くときに、本に記された言葉をずいぶん使わせてもらった。河合の臨床用語は人格理論にほとんど関心のない精神科医に説明するにも、とても分かりやすく、筆者は恐らくロールシャッハテストを100回以上実施したであろうから、これに助けられたのは数えることができないほどで、感謝してもしきれないほどだ。

　病院に勤めて2年目になると、心理テストのリクエストのみでなく、少し心理職の仕事にも理解が得られるようになり、外来で不登校の子どものセラピーを担当するようになった。しかし、おもちゃも何もない部屋で子どもと向き合うのは難しく、自分でおもちゃを持ち込んだりしながら悪戦苦闘しているときに出会ったのが、『箱庭療法入門』(河合, 1969b) である。そのころはまだ市販の箱庭がないため、知り合いの大工さんに頼んで作ってもらい、おもちゃは親戚から要らなくなったものをもらい受け、古くなった書棚にそれを並べて、箱庭にはこれも大工さんから工事用の砂をもらい、自分でふるいにかけたものを入れて置いてみた。今からは想像もつかない粗末なものであったが、子どもたちは驚くほど感動的な作品を作ってくれた。砂の果たす役割の大きさと、それを見守ること、あるいはそこで見守る存在の大きさを箱庭療法から教えられた。しかし、実際には人形を収集することやカメラなどコストや場所の問題もあり、当時病院内で発展させることは困難に感じられ、描画など大した道具を必要としないもので子どもたちとの交流をしてい

たような気がする。ちなみに、筆者の手元にある本は初版第1刷で、裏表紙には「河合」という印があり、筆者にとって記念すべきものである。同様の本がもう一冊ある。それは『カウンセリングの実際問題』(河合, 1970)で、これは「カウンセリングとは何か」に始まり、最終章の「カウンセラーの仕事」付章「スーパーバイザーの役割」まで、河合自身のスイスでの経験を含めきわめて具体的に書かれており、筆者にとっては「困った時の『実際問題』」として、病院勤務時代のスーパーバイザーであった。また、同じころ出版された岩波新書の『コンプレックス』(河合, 1971)はユング心理学を何とか理解したいと思っていた筆者が、1時間近くかかった通勤電車の中で読むために、常に自分のバッグに忍ばせていた一冊である。

3. 子育ての苦悩と救い

　3年間精神科病院に勤務した後、筆者は出産育児休暇を取り、10年余り臨床の場から離れるのだが、河合の著作から離れることはできず、むしろ、家庭の中に閉じこもることで読書量は増えていった。しかし、一方で4人の子どもの母親になることで、知的欲求が阻害され悶々とした日々を過ごすことになった。そこで筆者は、内向きに欲求をつのらせることは危険と感じ、自宅に「小さな児童館」を開設し、子育てをする母親たちに呼びかけ、絵本の読み聞かせ会や母親交流会を開き、河合の著作を輪読することもあった。その中で子どもの育て方や、母親の生き方について話し合い、多くの母親と接することで、内に閉じこもることなく、子育てに専念できたように思う。そのころの子育ては、母親の仕事であり、母性がもてない女性は母親失格であるような風潮があり、子どもが心理的な問題を抱えると、「母原病」などと診断されることもあったため、多くの母親が河合のファンになっていった。子育てという24時間労働を強いられる母親たちは、河合の著作から、「母性とは何か」や「母親の役割」「家族とは何か」といったことを丁寧に学び、心癒されていったような気がする。中でも『新しい教育と文化の探求』(河合,

1978）は、深層心理学の理論をわかりやすく説明しながら、家庭に対しても学校に対しても、具体的に等しく提言がなされている。例えば、母性のネガティブな面に言及し、「家庭内の父親像の弱さは父親自身が母親から自立をなし得ていないことを意味している」と指摘しており、母親である読者としては胸のすく思いをした。また「学校教育への提言」の中で、感情体験の重要性を述べた上で、日本の学校教育に求められるのは創造性であるとしながら、「創造性の秘密は限りない自由と、それを現実につなぐ何らかの枠組みの共存である」と述べており、子どもたちの通う学校の管理教育に重苦しさを感じていた筆者は、なんと適切な提言であることかと嬉しくなったものである。

　また、そのころから河合の著書はどんどんと刊行されていくのだが、家庭人として日々子育てに四苦八苦していた筆者の心をひきつけたのは、『母性社会日本の病理』（河合，1976a）や『昔話の深層』（河合，1977）といった専門書ばかりでなく、詩人の谷川俊太郎が河合に質問をする形で、心の病や夢の意味などユング心理学についての講義が続いていく『魂にメスはいらない』（河合・谷川，1979）である。その冒頭で、谷川が河合の子ども時代について質問すると、河合は「一番中心にあるのは死の問題だと思います」と答え、幼児期から自分の死に対して不安や恐怖を感じていたことを語っている。それらの言葉は、敗戦後の混乱時に生まれ、幼いころから自分が生きることに妙な違和感を抱いていた筆者の心にしみわたった。そして当時、生き急いでいるかのように命がけで出産育児に取り組み、まるで死に追いかけられているかのようであった筆者にとって、それがどこから来るのかを探るために、あるいはそんな感覚から解放され豊かに生きるために、河合の語るユング心理学は救世主のように感じられた。

4.心理療法と夢分析

　1981年に国際障害者年を迎え、各地で障害者支援が活発に繰り広げられ

る中で、数年後、筆者はたまたま京都府下の障害児療育施設に勤務することになった。1歳になった末娘を友人に預け、そこで、障害を抱えた子どもたちのプレイセラピーと、その母親たちへのグループカウンセリングを担当した。しかし、3年間の病院勤務以外には大した経験もなく、十分なトレーニングを受けていない自分が、その仕事に対して力不足であるとわかるのに、それほど時間はかからなかった。「もう1度勉強したい」という思いが沸々とわき上がり、仕事を再開して1年後、出産・育児で中断していた甲南大学大学院での勉強を再び始めることになった。そのころ臨床心理士資格認定協会が設立され、甲南大学では臨床心理士養成のためのカリキュラムが組まれ、集中講義には当時京都大学教授で、筆者の愛読書の著者であった河合隼雄が出講し、カンファレンスのコメントをもらうことができる贅沢な環境に身を置くことができた。その時筆者は京都府下の療育施設でのグループカウンセリングの事例を聞いてもらったが、その中で、重い障害を抱えた子どもを持つ母親が、筆者に激しい攻撃の言葉をぶつけてくる場面がある。そこを取り上げて、河合は「怒るでしょ、腹が立つんですよ。なんで自分の子どもが障害を持って生まれてきたのか、自分の力ではどうにもならないものに腹がたつのですよ」とコメントされたのを聞いて、筆者は胸のつかえが落ち、自分の仕事に少し光がさしたような気がしたのを記憶している。

　その後、1989年には甲南大学学生相談室が学生部から独立し、外国人客員教員の宿舎であった小さな日本家屋を学生相談室として利用することになって、筆者は学生相談室のカウンセラーとして勤務することになった。青年期の若者に出会うことに対しては、それほど不安があったわけではないが、そのころ、家庭人として生きることと、カウンセラーとして社会に顔を出すことに対するジレンマで、奇妙な不安が筆者の背後からひたひたと迫ってくるのを感じていた。そこで出会ったのが、『影の現象学』（河合，1976b）である。1970年〜1980年代には河合の著作は、泉が湧き出るように次々と刊行され、難しい論考が平易な文章で綴られ、その多くが、専門書でありながら啓発書として、心理療法の専門家ではない人々にも読破することができ

るものだった。『影の現象学』もそのタイトルどおり、人間の影、つまり「悪」の側面について言及され、内容から言えばきわめて難解な著作である。しかし、神話や小説、あるいは絵画を援用して心の影という現象について論じたもので、筆者の背後から迫る不安の正体を、見事に描き出してもらった。この著作と出会うことによって、筆者は家庭人として生きつつ心理療法を仕事とするために、自らの影を認めそれと対話する必要性に迫られ、後に夢分析を受けることになった。

　学生相談室に勤務するようになって2年目から、筆者は週に4日勤務するようになり、相談室の体制が充実するにしたがって、来室する学生が抱えた問題や病態は重くなり、境界性人格障害とか摂食障害と呼ばれるタイプの学生と何人も出会わざるを得なくなった。そんな時、筆者の教科書としてそばにあったのは『心理療法論考』(河合, 1986a) である。これは河合の長い臨床実践経験の上に立ったユング心理学の理論的背景をほとんど網羅したもので、ユング派の心理療法の紹介から始まる。その中で、筆者は「心理治療における文化的要因」として論じられている日本人の心の在り方、特に母親像の在り方や自我の問題、そこから起こってくる治療関係の特異さの論考に強く心を動かされた。そのころの自分は、比較的西欧的な自我の強さを内的に要求しながら、外的には子育てという日本的母性を求められる生活の中で、息苦しさを抱えていたためと思われる。その他、心理療法の理論的位相、技法やその実践について、あるいは心理療法家の教育と訓練や心理療法の研究法についても論じられており、筆者が事例研究の重要性を強く感じ始めるのもこの著作からである。しかし、その影響を受けて、今まで怖いもの知らずでやってきた心理療法が、筆者に恐ろしく難しいものに思われ、治療者としての自分の力に限界を感じ始めるようになっていた。当時、毎回箱庭を制作し「私はおばかさんですから」と語るだけで、ほとんど言語を発しない女子学生と面接していた筆者は、彼女の訴えている意味はよく理解できるのだが、自分自身の内面になかなか響いてこないことに苦しみ、スーパービジョンを受けようと考え、恩師にユング派の分析家を紹介していただいた。そし

て、スーパーバイザーのところに彼女の事例を持参し、いろいろ話している
うちに、「自分の人生を生きていない」と指摘された。初めはその意味が理
解できず、クライエントの問題ではないかと思っていたが、話を聞いている
うちに、クライエントを通して、自己の内面に向き合う必然の時が来ている
と感じられ、そのとき以来10年余り、筆者はユング派の夢分析を体験する
ことになった。そして、それによって自分の影に出会い、河合の著作を少し
ずつ消化し、心理療法を自らの仕事として再出発したような気がする。

5.心理療法と物語

　夢分析を受け始めると、昔話や物語に興味が湧いてくる。河合が物語を分
析した著作で、最初に出会ったのは『昔話の深層』(河合, 1977) である。これ
はグリム童話を中心に10話のお話を取り上げ、そこに人間の内的な成熟過
程を読み取っていこうとしたもので、例えば、「ヘンゼルとグレーテル」は
母親からの自立の話として、「三枚の鳥の羽」は自己実現の過程として説明
される。これらから、筆者はグレートマザーやトリックスターのイメージを
喚起することができ、豊かなイメージ体験をした。その後も、河合は『昔話
と日本人の心』(河合, 1982b)『夢と昔話の深層心理』(河合, 1982c)『子どもの
本を読む』(河合, 1985) などの中で、数々の昔話や児童文学を分析している。
　しかし、筆者にとって大きな出会いは、なんと言っても『明恵夢を生きる』
(河合, 1987) である。それは河合のこの著作に出会う以前から、高山寺と明
恵上人が、筆者の心にとって大きな意味を持っていたためである。小学校6
年の時、筆者は両親に連れられて栂尾山高山寺に行ったことがある。4人兄
弟のうちの自分だけを連れて、なぜ両親が高山寺に行ったのかわからないの
だが、この世とは思えない黄昏時の斜光に映える高雄山と美しい仏様の絵が
記憶に残った。そして後日、仏教に興味を持ち始めて、白洲正子の『明恵上
人』(白州, 1974) を読んだときに、少女時代に出会った高雄山の景色と、高
山寺の仏様の鮮明な記憶がよみがえり、それが山と一体化した明恵上人の

《明恵上人樹上坐禅像》につながっていった。そしてさらに、自分が心理療法を本格的に学びたいと考え、イメージの重要性を感じ始めて再び、明恵上人に出会った衝撃は大きかった。その明恵上人が『夢記』を残し、それを河合が分析したのが『明恵夢を生きる』である。その中で河合は、明恵の女性性との関係を中心に述べているのだが、筆者にとって印象的だったのは、「黒犬の夢」のところで、「弥勒に接することも、地上で黒い犬と親しく遊ぶことも、共に重要なことである」と記されていることだ。そのころ筆者の内界にも犬が登場するが、自らは犬に向き合ったままそれに触れることすらできずにいた。しかし、明恵の黒犬をイメージすることによって、心の中の黒い犬とも向き合い、それに触れることができるようになっていった。

　その他、男の子と女の子のきょうだいが、性を逆転させたまま育てられる『とりかへばや物語』を内なる異性との関係として分析した『とりかへばや、男と女』(河合, 1991b) や、『源氏物語』を作者紫式部の分身として分析した『紫マンダラ』(河合, 2000a)、あるいは『宇津保物語』『落窪物語』『浜松中納言物語』など、いくつかの中世の物語を分析した『物語を生きる』(河合, 2002a) などがある。中でも『物語を生きる』の最終章で、隠れキリシタンが生き延びるとき、キリスト教的「原罪」が「原悲」にシフトしていることを取り上げ、日本の文化では、物語の「悪」の側面を語るとき、その底流に「かなしみ」が流れていると指摘されていることに、筆者は強い感動を覚えた。そしてそこに触れた時から、筆者が幼いときから感じていた「生」に対する違和感を、「原悲」とイメージできるようになっていった。

6.宗教と文化とイメージについて

　キリスト教文化と日本文化を比較研究したことは河合の大きな功績の一つであるが、その場合の視点は「原罪」や「原悲」のように「影」に向けられることが多い。筆者にとっても河合の著作は「影」の導き手であったという気がする。「影」を「背後にあるもの」と表現して、河合は「柳田国男とユング」

（河合, 1984, p.176）という文を著している。ユングは1875年に生まれ1961年に没しているが、柳田国男も1875年に生まれ1962年に没しており、河合は同時代を生きた日本人として言及している。そしてユングは無意識、柳田は神隠しなど、共に「背後にあるもの」に関心を示し、さらにそれらに宗教的傾向があることを認めながら、まず事実を知ろうとしたことも二人の共通点であると指摘している。ただタイプの違いが方法論の違いを生み出し、ユングは内向直感型、柳田は内向感覚型で「感覚型の人から見れば、ユングの言うところは『まやかし』あるいは『つくりごと』として見えるし、ユングから見れば、柳田は大切なところに気づきながら、一番中心となるところに言及していない」と指摘している。

　この柳田の在り方は日本文化の特徴でもあり、それは『中空構造日本の深層』（河合, 1982a）において、『古事記』の日本神話を分析することで明らかにされている。また、日本神話のみでなく日本の文化の多くが、何かを中心に据えたかに見せながら、それに対抗する力が働いて、バランスをとっていこうとする中空均衡構造であると指摘している。そして、現代社会は自然科学を中心に据えて絶対視してきたが、その中心が揺らぎバランスを失った状態であり、常に自我崩壊の危険を感じさせる不安を抱えることになったとしている。

　神話の分析という意味では『神話と日本人の心』（河合, 2003）は河合の著作の中でも特別な地位を占めるかもしれない。日本神話について河合は、ユング派分析家の資格論文として、『日本神話と心の構造』（河合, 2009）を1964年にユング研究所に提出しているが、当時の河合はそれほど詳しく論じることはせず、日本では2003年に刊行された『神話と日本人の心』のなかで詳しく考察している。2002年1月に河合は文化庁長官に就任したが、文化庁長官としての実務に携わりながら、日本文化のルーツに関わる日本神話について執筆したのである。それについて河合は「運命はときに味のあるアレンジメントをするものだ」と「あとがき」で語っている。これは日本神話で重要な地位を占めるアマテラスが、「日の女神」であり母を知らない「父の娘」で

あるという特徴を述べた上で、古事記に登場する神々の物語を分析し、最終章では「日本神話の構造と課題」として日本社会に警鐘を鳴らし、日本の中空均衡構造の中で、日本人が西欧的な「個の確立」をすることの難しさと重要性を強調し、それは「命がけの仕事である」と記している。

　また、河合が現代社会にとっても心理療法にとっても「命がけの仕事」として力を注いだのは「宗教」の問題であろう。前述の通り、河合が子ども時代について問われて「死」と答えたように、体を超えた魂の世界を問題にする宗教について、常に考えていたことは間違いない。むしろ、心理療法について語るときにも、文化や教育について述べる時にも、宗教性というべきものにはしばしば触れられている。しかし、河合の著作のタイトルに、「宗教」という文字が入ったものは驚くほど少ない。その数少ない著作の中の一冊である『宗教と科学の接点』(河合, 1986b) に、「宗教」に対する河合の姿勢がうかがわれる。第一章の冒頭に、河合がスイスのダボスで開かれた国際トランスパーソナル学会に出席したときの様子から、宗教は一歩間違うと「いかがわしさ」と混同されやすいと考えたことと、宗教は「たましい」と深く関わり、「たましい」はイメージやファンタジーといわれる心の働きと深く関わっていることを述べている。心の働きを問題にする心理学であれば当然のことであるが、深層心理学では特にイメージを重要視している。しかし、深層心理学でいうイメージはきわめて個人的な体験であり、それを「宗教」と単純に結びつけることに危惧を感じて、簡単に言葉にすることを躊躇したのではないかと考える。

　イメージの重要性という意味で、ここ10年ほど筆者の手元から離せない一冊は『イメージの心理学』(河合, 1991a) である。筆者が夢分析を受け始めてから、不思議なほど、箱庭を作ったり、夢を語るクライエントが多くなり、彼らのイメージにしっかりと寄り添うためには、イメージについての理論を習得する必要が生まれ、繰り返しページをめくっていた。河合はこの本の中で深層心理学におけるイメージの意味に始まり、神話や伝説との関係、ユング心理学における元型の意味、そして、夢分析や箱庭といったイメージを重

視した心理療法の実際、さらに宗教、言語、創造性との関係について述べ、最後に、死と再生や死後のイメージとの関わりに触れている。筆者も近年の心理臨床場面で感じていることだが、言語レベルによる面接技法では、なかなか変容過程を歩み出せない人が増えており、今後イメージによる交流がますます重要になるのは間違いない。

7.「生と死」について

「生と死」については『生と死の接点』(河合, 1989) で、神話や昔話の中でどのように生と死の境界の問題が描かれ、それが現代社会とどのように関わっているかを論じている。その中で、今日の心理療法への提言として、「境界への挑戦」の重要性を主張している。つまり、近代科学が行ってきたように、明確に領域を区分する「線」として見てきた境界を、「領域」として捉えなおしてゆく新たなパラダイムが求められる。そのために、心理療法においても自と他の境界を弱くして、微妙な相互連関を体験して治療が進展してゆく事実そのものを集積して、発表してゆくことを提唱している。

筆者がこの論考に触れたのは1995年の阪神淡路大震災の混乱直後であった。当時6000人余の人が亡くなり、筆者自身も家は全壊し、生きるためのすべての物を失ったが、たまたまベッドがずれたために梁の下敷きにならず、命を失うことはなかった。このとき以来、「私が生きる」のではなく、何者かに「生かされている」という感覚が生じ、「死」はいっそう身近に迫ってきたのだが、不思議なことに、幼いころから感じていた「生」への違和感は減じていった。そしてその後、父親の死やクライエントとの惜別を体験することで、生と死の境界を一定の時間を持った「領域」とイメージできるようになり、そういうイメージが「死」におびえる人々を癒すのではないかと考えるようになった。振り返ってみれば、幼いころから「死」に深い関心を抱き、生涯にわたって「生と死」の問題に取り組んできた河合は、病に倒れて旅立つまでの11ヵ月の間、その境界領域で死について最も深く考えてお

られたのではないだろうか。願わくば再び私たちの前で、その間に考えたことを聞かせて欲しいものだが、もはや叶うものではない。今後、残された私たちが境界領域としての「イメージ」について思索を深めていくことを、社会から求められていると考るべきであろう。

第3節　「こころ」の質的変化への対応として

　前節で筆者の心理療法実践の理論的礎となった河合隼雄の著作を振り返ることで、筆者の心理療法の視点を理解してもらえたのではないかと思う。筆者が河合と最後にお目にかかったのは2006年7月、甲南大学学生相談室主催の河合隼雄の講演会のことであった。残念ながら講演会が最終回となったその日も、例年通り、筆者は自分の車で河合を最寄り駅まで出迎え、駅から大学までのほんの5分ほどの車内で、親しくお話させていただいた。その時河合から「どうです、このごろの学生さんは？」と問いかけられた。同乗していた学生相談室教員・高石恭子教授と私は、口をそろえて、学生が自分から悩まなくなり、教職員や家族が困って来室するケースが増加したことを報告した。それに対して河合は「主体的に悩むというのは、凄い難しいことやね」と語られ、若者の心に大きな変化が起こっていることを感じ取られていたと思われる。

　振り返ってみれば、今から十数年前の2000年代半ばごろから、若者の内面に相当大きな変化が起こり、「主体的に悩む」ことが困難な時代がやってきていたと考えられる。ちょうどそのころ、多くの学生がパソコンや携帯をうまく使いこなし、自らの足で動くことをしなくても、自由に情報を獲得できる便利な時代が訪れていた。つまり、若者の日常生活から、生身のコミュニケーションが減少し始めていたといえる。そして、今まで学生相談ではそれほど聞くことがなかった、「発達障害」「アスペルガー障害」「自閉症スペクトラム」などという診断名を耳にするようになったときとも一致している。

心理療法場面に登場する人々の症状の変化については、河合 (2010b) が主体の確立という視点から論じている。まず河合は、精神医学や心理療法における診断や症状は、純粋な医学とは異なり、社会の状況や診断する側の主観が関与することを述べている。そのうえで、心理療法で主に取り扱ってきたいわゆる「神経症」というカテゴリーに属する、中でも「対人恐怖」のクライエントが減少しているとする。それは「対人恐怖」が「近代主体の確立をめぐる一つの典型的な神経症」で、「主体を前提として」成り立っているからである。しかしその後、心理療法の場で話題になった「境界例」の特徴について、河合は「関係性へのこだわり、徹底した他者への責任転嫁、要求の際限のなさ」に要約し、主体性を保持できなくなって「どこまでも主体的になり自己主張しようというのと、主体性を回避しようとするアンビバレンスが認められる」と主張している。ところが1990年代になると、境界例といわれる症状も減少し、それにとってかわったのが、解離性障害であるという。解離性障害は特に、治療者側の姿勢に左右されやすい症状であるため慎重でなければならないとしながらも、解離症状を伴った自傷や万引き・摂食障害などのクライエントが、確実に増加したと述べている。この症状はトラウマという出来事を通してしか現実との接点がなくなり、「共同体や親などの、主体を包む存在が心理的に存在しなくなったことを意味している」と説明している。そして近年最も目立つのが発達障害で、その中核的特徴は、境界のなさ、象徴性のなさ、時間性のなさ、直接性の必要性、こだわり行動で、それらは「主体の欠如」として捉えることができ、その結果として、関係が持てずに孤立したり、相手や周りの状況に合わせて生きてしまっている場合が多いとしている。ところが、このように主体の欠如した人々が急に増加したのかといえば、そうとは言えない。河合は、「主体の確立が現代において要請されることによって、主体のなさというのが目立ち、症状となってしまった」と述べているが、確かに、第2次大戦後に西欧文明が、一般庶民にまで流布するまでは、日本の社会では主体のなさは高く評価される場合も多かった。つまり、軍隊における主体は上官にあり、女性は家意識に合わせることがで

きるとき、言い換えれば主体性のない女性が評価されていた。戦後高度経済成長期になっても、その屋台骨を支えていたのは、主体的な人々ではなく、会社のために必死に働く「モーレツ社員」だったのではないか。このように考えると、河合の言う発達障害の「主体の欠如」を症状や障害としてマイナスイメージに捉えることは問題があるように思われる。むしろ、日本人の歴史や文化、もっと遡れば、地理的条件を含めた風土などと深く関わったことと捉えた方が適切であると考える。そういったことと関連して、河合は『異人論序説』(赤坂, 1992) を引用しながら、「主体とは周辺から中心へ、そして中心から再び周辺へという動きのことを言うのであろう」と述べ、柳田国男の『遠野物語』を取り上げている。『遠野物語』にみられる「異質の他者の出会い」の瞬間に、両者の区別や分離が成立する、その接点や動きのようなものこそ主体ではないかと述べている。『遠野物語』については、第7章において取り上げ、主体性を求められなかった時代の、しかし、確かに息づいていた主体の生成の場のイメージ「母性的風土」として論じたい。

　河合が言うように、主体が「動き」や「接点」であるとするなら、スマホやパソコンに向き合っているのではなく、「異質の他者との出会い」としての「体験」がなければならない。さらにIT機器の発達、情報化社会の到来と呼応して発達障害の特性を持った人たちが増加したのは間違いない。とすれば、今日を生きる若者たちの多くは、「動き」や「接点」を生み出す体験が十分にできていないのではないか。このように考えると、「発達障害」が増加したのではなく、一般にマイナスイメージでとらえられるその特性を社会にも適応しやすい形に育てる機会、つまり生身の体験をもつことがないまま、今の若者は知的能力のみを、教育という形で促進されてしまっていると考えることができる。さりとて、今の若者に、スマホや、パソコンを捨てなさいと言っても不可能であろうし、今の教育を大きく方向転換させることもまた難しい。そこで、生身の体験を補うものとして「イメージ体験」が重要な役割を果たすのではないかと考えるようになった。ここでは筆者の臨床実践を通して、「イメージ体験」の意味や重要性について考えてみたい。

第 I 部

心理臨床実践における「私」の体験

第1章

「イメージ」を受けとめることの困難

第1節　マンハッタンでの体験と旅立った「彼」への思い

　前章で述べたように、筆者は心理臨床の場に立ち始めて以来、ずっと河合隼雄の著作をスーパーバイザーとし、自らも夢の分析をうける長期の経験をして、イメージを大切にした臨床実践をしてきた。したがって、箱庭を置いたり夢を語る人々ともそのイメージを共有し、真摯に向き合ってきたつもりであった。しかし、筆者自身の臨床家としての力量不足が一つの要因となって、実際にはもっと豊かな人生が開かれていたかもしれない若者が、人生の幕を閉じざるを得なかったという苦い経験も有している。そこで、ここでは筆者がイメージの重要性を体験した強烈な出来事を語ることで、イメージを受け止めることの困難さを見ていきたい。

1. マンハッタンでの体験

　2006年9月、ニューヨークのグラウンドゼロ（2001年9月11日のアメリカ国内で同時多発的に発生したテロ事件の一つで、ニューヨーク、マンハッタンのワールドトレードセンターが破壊された跡地）を金網の隙間から、「私」は眺めていた。コンクリートのだだっ広い塊にしか見えないのだが、ふと、この中に何人かの人

が眠っているかもしれないと感じたとき、激しい悪寒を覚え、おもわず顔を覆い、手を合わせたい気持ちが起こった。しかし、カメラのシャッター音が耳に響く都会の喧騒の中、それにも違和感があり立ちすくんでしまった。その後犠牲者の名簿に眼をやると、その説明に書き記された「ヒーロー」という言葉にも違和感を覚え、突然、真空のボックスに閉じ込められたような離人感に襲われた。あの身体の反応は、一体何だったのだろうか。

　その後9月11日を目前にして、テロに最も狙われている可能性があるといわれるエンパイアーステイトビルディングに上った。空港と同じような警戒の中、大勢の人たちが見学に訪れ、長蛇の列を作っていた。幸い入場券を知人からもらっていたので、すばやく登ることができたが、上から見る摩天楼は、今まで筆者が経験した眺めとは全く異なったものであった。しかし、ふとそれをどこかで体験したような気がした。思い返してみると、それは富士山の頂上に近づいた時の感覚ではないかと思われた。空気が薄くなって、何となく眠くぼんやりとし、体は重いのにふわふわし、頭の芯がざわざわと痛む。周りには大勢の人が居るのだが、それ以外生き物は見当たらず、無機質な石の塊が眼下に迫ってくる。ある種の疲労感かと感じられるのだが、妙な優越感も覚えてしまうのも富士山頂と同じだと思った。そして、日本人が富士山を誇らしく感じるのと同じように、アメリカ人にとって、このビルが誇りであろうことは容易に理解できた。

　しかし、空気が薄いわけでもないのに、このふわふわ感や、ざわざわした痛みに似た身体の叫びは何だろうか。そういえば、10年前、阪神淡路大震災によって、全壊した我が家を解体する数日間、その光景を避難していた実家二階の窓から眺めていた時に感じた痛みだと思われた。激しい音と共に、大きな柱が崩れ落ちる時、「私」の骨がぼりぼりと大きな機械で叩き割られ、大地から根こそぎ抉われ、なぎ倒される痛み、そうだ、大地からいきなり切り離され解体される感覚であった。摩天楼の超高層ビルの頂上で、無機質なコンクリートの塊群をながめながら、「私」はそんな体験をしていた。それはグラウンドゼロでの体験と同じように、「私」を真空ボックスに閉じ込め

第1章 「イメージ」を受けとめることの困難　33

てしまった。あの日まで社会の第一線で活躍していた多くの人たちのすべて
を呑み込んだまま、巨大なコンクリートの塊となったグラウンドゼロも、エ
ンパイアーステイトビルディングでの体験も、そして震災による解体の体験
も、日々生々しい物語をクライエントから聞くことを仕事とし、自然と戯れ
ることを喜びとする「私」にとって、生き物を育む大地と切れるということ
だと思われてならない。そこには溢れるほどの人が参集しながら、「絶対的
孤独感」が横たわっていた。

2.旅立った「彼」への思い

　入学以来、病理的問題を抱えたために、自由に登学することができず、数
年間交流してきた「彼」が、10数回の面接後のある日、ふらりと出かけたま
ま帰らぬ人になった。その時以来、病理的問題を抱えた学生の回復期に、心
理療法は無力なのか、希死念慮を訴えていても多くの若者が生きることを選
ぶ青年期に、死を選ぶことを病理の問題として片付けてしまっていいのか、
青年期危機に生死を分けるものとは一体何なのか、そして学生相談として何
ができるのかなど、筆者はずっと考え続けていた。彼との別れを体験した直
後、筆者は青年期の死や、自殺に関する著作を貪るように読みあさっていた。
その中で柳田邦男が重い精神病理を抱えた愛息子が自死した体験と、そこか
ら彼が考え出した「二人称の死」という概念を綴った著作『犠牲』（柳田,
1995）に出会い、それを分析することを試みた（友久, 2001）。そこから見えて
きたことは、青年期の生死間の闇の中で、この世に留まり続けることを可能
にするのは「母性的風土」とでも言うべきもの、すなわち大地に根付く大い
なる生き物としての人の存在と、場の提供であろうということだった。それ
は筆者がグラウンドゼロやエンパイアーステイトビルディングで経験した、
大地と切れる「絶対的孤独感」と対極上にあるものである。そういえばあの
ビルの上から、毎年十数人の人たちが自殺を企てるということも耳にした
が、場の在り方が人を死に向かわせる要因になりうることを物語る。そして

34 第Ⅰ部 心理臨床実践における「私」の体験

そのとき、人を此の世に留まらせるものは、やはり大地に根付く体験の有無ではないか。ではその体験とは何か、筆者にはどうしても知りたい思いが沸きあがってきた。

彼と別れて以来相当な年月が経ってしまったが、その間もがき苦しみながらも、心理療法家として自分なりの努力をしてきたつもりでいた。しかし、マンハッタンでのあの体験をして以来、彼のことが思い出されて仕方がない。彼の心の問題は、当時の「私」のあの「絶対的孤独感」の体験と深く関連しているのではないか。としたら、今まで自分は何をしてきたのか、彼の死から自分は何も学べていないのではないか、と考えているうちに、今まで封印してきた彼と出会った記録を思い切って開いてみようと思うようになった。その中には彼との電話でのやり取りの記録に混ざって、彼から送られてきた膨大な量の手紙や、彼が綴った詩や小説が入っていた。そしてそこには彼が思い描いた豊かなイメージが溢れていた。あのころ、「私」はそういった彼からの呼びかけに、目を通しはしたが、読み流していたに違いない。深い後悔の念が去来した。心理臨床という営みが、クライエントの体験を、自らの体験として心奥におさめることであるとすれば、「彼」に対する「私」の仕事は終わっていない。当時、彼が抱えていた苦しくも豊かな思いを、イメージとして体験するだけの心の準備が「私」にはできていなかった。マンハッタンでのあの「絶対的孤独感」の体験こそが、彼のイメージに向き合う可能性を筆者に与えたと思われる。

そこで、次節において、自ら命を絶った彼と出会った「私」の体験を振り返ることで、イメージの重要性とそれを受け止めることの難しさを考察したい。

第2節 「彼」と向き合った「私」の体験

前節で紹介した彼との交流は、実体を持たないイメージを取り扱うことが、治療者の側に相当深いイメージ体験を持たない限り危険であり、イメー

ジを受け止めることは困難な作業でもあることを物語る。彼の旅立ちが何故か今更知る由もないが、彼が抱いたイメージを「私」が受け止め、二人の関係のなかで、イメージとして体験することができていれば、彼の青年期は、また異なったものになっていたかもしれない。そこで、ここでは彼と出会った心理臨床家としての当時の「私」の在り方や意味について考察する。それはクライエントの問題ではなく、筆者自身の内的体験を問題にすることである。そうすることが心理臨床におけるイメージの重要性を明確にし、来室者の重症化や、人格の質的変化に向き合わねばならない心理臨床の場の、限界や可能性について迫ることにもなると思われる。そしてさらに、筆者が彼の思いに迫り、心理療法家として最大限の学びを得ることが、彼への最低限の務めではないかと考える。

1. 学生相談室のクライエントとしての「彼」

（「　」内は「彼」の、〈　〉内は「私」の発言、またはその要約）

　彼は中学時代に調子を崩し、妄想と思われる言動があったが、精神科への入院歴は無く高校に進学する。しかし、そこでいじめを受け、外出が困難になり、神経内科で投薬を受けはじめた。成績は優秀で有名大学を目指していたが失敗し、筆者が務めるA大学に入学した。

　入学当初、部活の説明会に参加していたが、様子を不審に思った先輩に連れられて、学生相談室に来室している。かがみこむような姿勢で、担当者を困惑させたようだが、目には輝きがあり、自分から「大勢の人の中にいるとテレパシーがもれてくる。妄想だという人もいるが、そうではない」と語っている。その後、自由に登学し受講することが困難になったため結局休学している。その間に、担当者に手紙や詩を送ってきているが、当時の担当者は彼の休学に伴いそれらを一旦送り返している。

　その後、復学を希望して学生相談室に電話をしてくる。前任者が退職していたため、顔を合わさないまま筆者が担当することになる。毎週の時も2週

36 第Ⅰ部 心理臨床実践における「私」の体験

後の時もあるが、一応次回の電話面接の予約をしている。無断キャンセルが続いた場合は筆者の方から連絡をしている。そんな時はたいてい「眠っていて、すいません」と数分話しただけで終わっているが、普通は20分から30分程度の会話をしている。会話の内容は以下のようなことであった。

過去にいじめられたつらさ、思考が漏れていて自分が悪い考えを持つために、周りの人に迷惑をかけたり、不幸にしているように感じる症状について。自分は神様の存在を信じているが、神が、存在価値のない性的に堕落している自分を罰すると思い恐ろしいこと。価値のない自分は近いうちに死ぬことになるのではないかなど。また、対人恐怖で人が大勢いるところには行くことができず、外出は病院と本屋ぐらいしかできない。しかし、大学で勉強して研究者になりたいなど、将来の夢を語ることもあった。その他、聖書など宗教の話やヘーゲル、カントなど哲学者の話、相対性理論にも話が及ぶが、そういったことになると話が混乱し理解が困難になった。

このような彼の話に対して、筆者は耳を傾け聴き入っていることが多かったが、時には次のように話している。〈人に迷惑をかけたり、不幸にしているように思うのはつらいことだが、人はしばしば感じることであり、悪い感情はすべての人が抱えていること〉、性的な想いについても、〈青年期には多くの人がさまざまな想いを抱くもので自然なこと〉、また〈人間の存在は、存在そのものに価値があり、老人や障害者が存在することにも意味がある〉と自分の障害者施設での経験も語り〈夢を捨てずに生きて欲しい〉と話している。宗教や哲学の話に対しては〈私には難しくて理解しにくい、むしろ、もっと日常的な生活の話なども聞かせて欲しい〉と提案している。その後夏休みまで電話相談も続いており、話の終わりには「どうせX年7月には死ぬのですから」と語ることがしばしばあり、X年7月は筆者にとって気になる年月として残っていた。また、時々送られてきた手紙の中で、いじめられたつらさ、大学で授業を受けたいが、対人恐怖の症状で苦しいこと、しかし、将来について、哲学の研究者になりたいとか、本当は心理学を学びカウンセラーになりたい、あるいは作家になりたいと夢を綴り、小説や詩もたくさん

送ってきている。それに対して筆者は〈手紙を送ってくれれば、一応読ませてもらうが返事は書けない〉と話している。内容は、大部分が恋愛に関するものである。その内容については彼が話題にすることは無かったし、筆者からそれについて語ることはしなかった。それは彼が病理圏の人であり、学生相談としては、心理療法的に内界を問題にするのではなく、より豊かな大学生活を送れるように具体的な援助をしてゆこうと考えていたためである。

2. 来室した「彼」の語り

その後、夏休みにはキャンパス内の学生数が減ることで対人不安が減少し、家族に付き添われて来室している。その時初めて、筆者は彼と顔を合わす。病理的なものを感じさせる表情の硬さはあったが、「弱い人間で、周りのことばかり気にしているが、ようやく自分でやるしかないと思うようになった」と語り、復学に向けて現実的な話し合いをしてゆく。休憩場所に困れば、医務室や学生相談室が利用できること、図書館の利用が難しいなら、研究室を紹介するので、そこは本を読むために利用できることを話す。

後期授業が始まる前の9月に電話をしてきたときには、復学が間近に迫ると不安になって、5リッターの水を飲み吐きしていることを語る。その不安の高さに圧倒される思いがしたが、一方で、病理の問題よりも、神経症的な不安のように思われ、筆者は心理療法の可能性も感じ始める。いよいよ後期授業が始まる日には「授業を受けると言っていたのに行けなくて、家族と大喧嘩をして自殺すると言ってしまった。家族には迷惑ばかりかけ申し訳ない」と電話で話している。筆者は〈くれぐれも無理をしないように、自分の気持ちを大切に、来たいと思えるときだけにした方がいい〉と話している。

年末になって「子どもたちが炬燵の上にいて、僕の悪口を言っている、僕は言い返さないと許してもらえない夢」や、「悪魔や地獄のイメージ」について話しているが、その内容に対して筆者は踏み込んでいない。その後、「僕は人を傷つける」「神様から許しませんと言われる」あるいは「僕は分裂病、最

低の人間」「崩壊の日が近い」と口にすることもあり、筆者は返す言葉を失う。

　次の年、X年になって、後期試験も済み、学生数が急に減少するころになると、「学生が少ない間に、大学に慣れたい」と、教務部を訪ねて次年度の履修について相談したり、学生相談室にやってきて、「将来、研究者かカウンセラーになりたい」とか、「村上春樹の小説やまんがを読んで面白かったこと」を語っている。時には筆者が紹介した研究室を訪ねて本を読んでいることもあったようで、「ずいぶん前向きに考えるようになった」と話し、表情がやわらかくなったと筆者は感じている。1月の末、来室予約をしていたが、高熱を出して「初めてインフルエンザに罹った」という電話に対しては〈外の世界と関われるようになったことでは?〉と話している。その後、エログロ小説を捨てたのがきっかけで、「それが悪用されている」とか、「女の子のことが頭に浮かぶが、それが流れているように思える」など妄想的になることもあると語っている。しかし、家の近くの図書館には一人で出かけられるようになっている。

3.「彼」のイメージ表現

　そのころ、手紙や、今まで書きためた小説や詩を大量に送ってきている。内容は、大学へ通うことへの期待と不安、具体的に受講したい授業科目について、また、自分が心の病にかかり、周りからどのように見られているのか不安であることについても触れている。小説は、漫画の影響を感じさせるファンタジー調で、多くは若い男女が主人公で、性的な描写もある。また、登場人物の中に自分と重ね合わせたと思われる、優秀な研究者や、医者を目指す男性が登場してくる場合が多い。その中に「フィクションレター：知識ままならず」とタイトルを付け、憧れていた大学に当てた手紙がある。彼自身が文筆家になった想定で書いたもので、筆者にとっては衝撃的であった。一部を紹介すると次の通りである。

「あのころ、わたし自身については、何もわかってはいなく、『現代思想』『イマーゴ』もほとんど理解できない凡庸な一学生でした」「あの当時『共同幻想』という概念すら理解できなかった一学生は、今愚かにも人様の言葉を借りてしゃべることを覚え、それを食べては、自分のいたらぬ知恵の上にのっけていまだに言説めいているのです。そんな私に去年『新・知の技法』が新聞の広告に載り、ああ、あれから4年だなって感慨にふけりながら、それを本屋で購入したには人様の言葉でしゃべることを目的とした行為ではない、自分の劣等感、に対するいらだちだったように思われます」「今年に入り私はやっとここで落ち着いたのは、4年前に読んでも分からなかった『知の技法』がなぜだか分かるということ。知識も色あせるということを知ったのも今年のような気がします」「わたしはこのおろかな知的武装が、裸であることに対する防衛手段だと信じているつもりです。いいえ、人間は『服の下は裸である』といえるから、知識という服をみんな着ているのでしょう」

　彼は自分の学力が劣っている事や、「ぼくはあほだから」と自嘲的に笑うことはあっても、数十枚に書かれた小説や詩の中に、これを混ぜて送っていたことにはどのような意味があるのかと、考えてはみたが、結局一度も話題にしていない。

　いよいよ復学し、4月になると「周りの学生が気になる」と語りながらも、不思議なほどに一人で通い始め、1日2教科程度は授業も受けている。しかし、授業に出ると疲れるため、面接は電話になることが多かった。内容は「ラッシュの電車に乗って往復共一人で通えるようになった。失敗は怖いが正門から堂々と入ってこれる」など自信を付けた様子がうかがえた。しかし、「自分の考えが漏れるのではないか」など、妄想的な思いは拭えず、パニックになって学生相談室に連れてこられることもあった。筆者は〈無理をしないこと。ゆっくり大学生活に慣れることが大切〉と話している。4月の下旬には語学の授業で、かわいい女の子としゃべったことを嬉しそうに話してい

40　第Ⅰ部　心理臨床実践における「私」の体験

る。また、そのころには一人で親戚の所に出かけるようにもなっていた。父親との接点ができると、父親について話すが、必ず「僕は父親の足元にも及ばない人間」と、父親の学歴について語り、その重みには圧倒された。その後、語学の授業で一緒の女性を好きになり、性的なことが頭に浮かぶ、「いやらしい。男て難儀や」などと語り、性的な思いに悩まされていることがうかがえ、筆者は微笑ましさと共に不安も感じている。1週間後には「好きな女の子と目が合って、眠れなかった。軽蔑されているのか、逆なのか、からかわれているのか……」と女性について、少し体をこわばらせながら語り、主治医とはリアルに性的な話をしたことを恥ずかしそうに話している。その時は、彼の急激な性の思いへの高まりに動揺を感じたが、言葉が見つからず〈恋煩い、喜びでもあり、苦しいねー〉と返すのが精一杯であった。次の日、「授業に出たが、雰囲気が嫌で出てきてしまった」と突然来室。「思考漏洩かもしれない、でも筒抜けになっているのではない」「仕方が無いから、ここにきてやった」といたずらっぽく話した。可愛くなったと感じ〈よう来てくれた！〉と冗談半分に返した。しかし、突然の来室であったため、筆者には他の学生との予約が入っており〈時間が無いので15分だけ〉と短く話をきいているが、内容は記録していない。本人の「もう少し話したい」という希望で同僚のカウンセラーに託して終了している。その後10分ほど話して、退室したとのことであった。

4.「彼」との別れ

　それから2日後、彼は帰らぬ人になった。

　彼の死の知らせを受けた時、筆者は“悪魔にさらわれた”と思ってしまった。ようやく来室が可能になり、情緒的な交流の実感を覚え、心理療法としての可能性を感じ始めていたときであり、悪夢を見ているような思いであった。

　知らせを聞いてすぐに、筆者は初めて彼の自宅を訪れた。途中彼がしばしば通ったであろう道を歩いていた。さまざまな思いが湧きだしてくるのだ

が、頭が真っ白で、何も考えることはできなかった。彼に対面すると、どうしても亡くなっているとは思えない。家族は「当日は土曜で大学も休みで、いつもと変わらない休日を過ごし、夕方、着替えもせずスリッパがけで外出したので、いつものようにジュースでも買いに行ったのだろうと放っておいたが、こんなことになって……」と涙ながらに話された。筆者は自分の非力さにいたたまれない気持ちが湧き〈力になれなくて、ごめんね〉と彼に語りかけた。家族がすかさず「先生がいらっしゃらなかったら、大学生活なんてできなかったと思います。大学生活にあこがれていましたし、最近は友達もでき、一人で外出もするようになり、大学の図書館や、研究室にもお世話になっていたみたいで、本当に有難うございました」と頭を下げられた。彼に対する思いは家族と通じるものがあったのだろうが、ではなぜ彼は旅立たねばならなかったのか。筆者は学生相談室の担当者として自分なりの努力をしたつもりだったが、彼の本当の思いには迫れていなかったことだけは確かだと思われた。帰路、ぼんやりと歩きながら、「私」は何をしていたのか、何かできることがあったのではないかと頭がぐるぐる回っていた。

　そのことをずっと秘めたまま年月が経ってしまったが、筆者の心の中に生きている彼との交流を再体験してみた。そこから見えてきたことは、当時の「私」も薄々感じながら認めることができなかったことだが、青年期を生きる彼の内奥に横たわる苦悩、その本質的な心に触れることができなかったということではないか。精神科の入院歴は無く、主治医も家族には診断名を明示していなかったようだが、投薬の様子や症状から、何らかの病理的問題を抱えていることは明白であり、初めて出会った時に感じた感触から、「私」は意識的にも無意識的にも、彼の内奥に触れることを避けてしまっていた。なぜなら、学生相談は一人ひとりの学生が自らの潜在能力を開花させ、社会に巣立っていけるような教育の展開を目指し、学業研究を成就するために必要な心理的援助をすることが主たる目的とされており、学業研究に直接結びつかない心理的援助に対して躊躇しがちであること。さらに、大学生活は一般には4年間、経済的ゆとりと親の理解が得られても、最長8年間という期

42 　第Ⅰ部　心理臨床実践における「私」の体験

間が限定され、学生相談室ではその期限内で心理療法を展開することが求められるため、心の内奥に触れ、長期にわたる心理療法が見込まれると、その対応を避け、より現実的に学生生活への援助と、単位の取得に視線を向けがちになるためである。しかも、彼は「大学に通いたい」「授業を受けたい」と繰り返し語っており、学生相談室が、学生のより豊かな学生生活への援助機関とすれば、学生相談室の担当者として、学業への復帰を目指して対応してきたことは間違いではないだろう。そして、病理的問題を抱えていると感じている限り、心理療法として出来ることには限界があって当然であろう。まして、彼の発症期が中学か高校と考えられ、学歴という絶対的な価値観を持ちながら、論理的な言葉を発すると混乱が生じていたことも合わせて考えると、客観的にみても病理的問題を抱えていた可能性は拭えない。

　そのために、あれだけ彼が詩や小説、そして夢といったイメージを表現し、メッセージを送っていたにもかかわらず、当時の「私」はそれを読み流し聞き流してしまっていた。しかし、新たな「イメージ体験」を得た筆者にとって、彼が別れを告げて以来、心の奥底でずっと燻ぶりながら、封印してしまっていた彼が表現したイメージとしての短編小説や詩、そして憧れの大学宛のフィクションレターは何を意味するのか、それを振り返って見ることがとても重要なことと思われる。

第3節　「イメージ体験」の意味と重要性

1.「彼」が表現したイメージの意味

　まず、フィクションレターについては、論理的には混乱しているが、彼が筆者の勤務するＡ大学で学ぶことに折り合いをつけるための、ある種の儀式と考えると納得がいく。学歴に対して、絶対的価値を持つ環境の中で育った彼にとって、Ａ大に適応するためにはある種の儀式が必要だったのではない

だろうか。『知の技法』を理解できることで、彼の憧れでもあった大学を身近に感じつつ、Ａ大で学ぶことに折り合いをつけようとしていた。それに「私」がしっかりと立ち会い、彼の決意を見守るべきであった。そのために、あの手紙の意味を二人の関係の中で、言語化すべきであったと思われる。しかし、「私」は衝撃を受け非常に気になりながらも全く対応できていない。

　さらに、大量に送られてきた小説や詩は多くが恋愛や性がテーマであり、後に彼が面接場面でも語るように、彼の心はエログロの世界や異性を激しく求めながら、思春期の少年のように、それを拒否し「だらしない」と否定している。こう考えると彼が送り続けてきた詩や小説は、彼が描き続けた豊かなイメージ表現であり、彼の本質的な問題であった。「私」はそれを確かに受け取り共感することが必要であった。彼から言えば、心の叫びとしてのメッセージを送れども得られぬ共感であり、イメージを描けば描くほど彼は孤独の中に引きずり込まれていったのではないだろうか。それは「私」がマンハッタンで体験した絶対的孤独感と同質のものであったのだろう。だからこそ、「私」のあの体験後に彼のことが繰り返し思い出され、封印していた彼との関係に筆者は取り組まざるを得なかったのである。まるで、彼の魂が「私」に働きかけるようにさえ感じられた。

　しかし、当時の二人の関係の中では、皮肉なことに彼の妄想的な思いは減少し、不安は収まりはじめる。それは、「恥ずかしい、認めがたい」と感じている自らの知性がもれ出ることを恐れていた自我が、学歴に象徴される知的世界に折り合いをつけ、彼の知的武装がはがされることで、一応の収束を見ることになったと考えても良いだろう。そのときには大学やそれに付属する学生相談室やそこに存在するスタッフが、ある種の器となっていたことは推し量ることができる。けれども、それは同時にイメージの世界と切断されることであった。もしかしたら彼は病理をも包含したイメージの世界を生きる必然性のあった人かもしれないのに……。その彼を、「私」は現実に引きずり出してしまったような気さえする。そして、彼は死を選ぶことでしか、この世で生きることができなくなってしまったと思われて仕方がない。もし

44 第Ⅰ部 心理臨床実践における「私」の体験

「私」が、彼のイメージにより添い、その中で豊かなイメージ体験ができていれば、彼が死を選ぶ必要は無かったのではないか。大地に根付く大いなる生き物として、エログロの世界も堕落した性の問題も体験できていたら、彼はこの世に留まり続けることが可能ではなかったか。では、どうして当時「私」は心理療法として彼のあふれるイメージに寄り添い、彼を受け止めることができなかったのだろうか。もちろん、筆者の力量不足とエネルギーの不足であるといえるが、もう一つは学生相談という枠が、本来病理的問題を抱えた人との心理療法の場として必ずしも適切ではないと言えるであろう。しかし、心理臨床の仕事は心の仕事であり、さまざまなジレンマを抱えつつ、最大限の努力によって、来談者がより豊かに生きる過程に同行することであり、不十分だったと思われる点について謙虚に振り返ることこそ、長く学生相談を続けてきた筆者の仕事ではないかと考える。そこで、当時の筆者自身の状況と、大学や学生相談室の状況を振り返ってみたい。

2.「私」の内なる解体イメージ

思い返せば、1995年は「私」が住まう神戸の街が未曾有の大きな地震に見舞われ、6000人余の人が命を落とした年である。「私」も何人かの知人を失い家も全壊した。A大学のすぐ近くに住む「私」は、あの朝大学の様子をうかがうために歩いて大学に向かい、鉄筋の校舎が、無残な姿で立ちはだかっているのを目の当たりにした。そのとき「私」が感じたのは「これで仕事も失う」という悲壮感であった。とはいえ、当初は家族が全員無事であったことにある種の高揚感もあったのだが、なんら身分の保証のない非常勤として働いていた「私」は、大学の様子を見て、内心では、先が真っ暗になり、崖から突き落とされるような体験をしていたのを覚えている。しかし、現実にはそんな先のことより、後にライフラインと洒落た名前をつけられることになったガス、水道、電気、電話、あるいは日々の食料など、今まで当たり前に利用していた生活用品を、別の手段で獲得することが求められる生活が

3ヵ月あまり続いていた。そんな混乱した状況下で彼は大学生活を開始している。「彼」が通った電車からの眺めは、まるで、原爆投下直後の広島を連想させるような崩壊した街であり、彼が通う大学はほとんどがプレハブ校舎と化し、ぼこぼこと盛り上がった道路は、世界の終わりを思い起こし、"神の怒り"さえ感じさせた。そのころの彼は何回かは自力で通学しているが、すぐに通学が困難になり、結局休学し、その2年後に「私」は「彼」と出会う。「私」は、激しい揺れによる崩壊、しかも「私」にとっては神戸の町にととどまらず、生活すべての崩壊であり、それに続く解体を体験していた時のことである。そのため、「私」の内奥では激しい崩壊イメージや解体イメージが動いており、精神病理への親和性が高まり、角野（1998）が主張する治療者の内なる分裂病（統合失調症）コンプレックスが強く刺激され、動き始めていたと思われる。しかし、それは無意識的で、十分に意識されないが故に、「私」は大きな苦痛と困難を感じ、分裂病コンプレックスを内奥に封じ込めたまま、彼とのイメージによる交流を拒否してしまったのではないだろうか。つまり、「X年7月の人類の崩壊」や「死にたい」と口にする「彼」と、崩壊イメージに突き動かされている「私」が出会うことはどこか危険であり、恐ろしいことと「私」が感じ、現実的レベルで、大学生活への援助を試みていたのであろう。しかし、今から振り返ると、病理への親和性が高められた「私」であるからこそ「彼」と出会い、「彼」はイメージ体験を送り続けてきていたと思われる。河合（1998）が指摘するように、個人を超えた「崩壊」や「解体」のイメージを治癒へのチャンスと考え、「私」がイニシエーションと見ることができていれば、彼は多少癒されることがあったかもしれない。さらに、後に彼が小説や詩に表現したイメージは男女の愛や性という「結合」イメージであり、これら当時の一連の出来事を、「私」が分離と統合のイメージで捉えることができていれば、事態は相当変化した可能性があったのではないだろうか。家族の話から彼が最期の時を安らかに迎えたとされ、彼の死が大地に根付く体験としてイメージできることから、彼は決して分裂や解体のイメージに揺り動かされていたのではないと思われる。ただ「私」が当時確か

46　第Ⅰ部　心理臨床実践における「私」の体験

に、崩壊や解体のイメージにおびえていたのだ。

3.治療者のイメージ体験

　自ら命を絶った彼との交流を通して、イメージを受け止めることが治療者にとっていかに困難なことであるかを観てきた。特に病理的問題が感じられた時、心の奥深くから生み出されるイメージは、しばしば個人の関係性を超え、妄想化し病理を深めることにもなりかねない両刃の剣でもある。特に学生相談室のように、無料で、いつでも来室が可能な、時間と空間の枠がゆるやかな心理療法場面ではイメージによる交流は大変難しい。しかし、一方で彼の事例から言えることは、現実的な援助も必要ではあるが、クライエントが無意識的であれ意識的あれ、いろいろな形で表現するイメージを受けとめ、治療者が寄り添うことなくしては、クライエントを追い詰め、死を選ぶことでしか、生きられなくなる場合もあるということであろう。とはいえ、治療者の側にそれを受け止めるだけのイメージ体験がなければ、それもまた困難であることをこの事例は物語っている。彼は旅立ってしまったが、マンハッタンでの体験を経て「私」が、彼のイメージに寄り添うことができるようになり、マンハッタンでのあの「絶対的孤独感」という体験こそ、「彼」と心理臨床家としての「私」をつなぐために必要な「イメージ体験」であったと言える。

　「私」のマンハッタンでの体験について、大山（2011）はアメリカ社会の繁栄と虚構をも象徴するもので、学生相談を実践するものにとって示唆的であることを述べている。それというのも、エンパイアーステイトビルディングが初めての摩天楼としてマンハッタンの空にそびえた1930年ごろ、アメリカの大学における統合的学生支援、SPS (Student Personnel Services) のフレームワークが出来上がったという。それは、アメリカ社会が1929年の株価暴落による大恐慌を体験し、それに伴う学生の心理的・経済的問題への対応を余儀なくされたためであった。土から離れた摩天楼が空高くそびえ立つ一見豊

かな経済は、実は実生産から離れた株式市場が支配しており、その時に、何か大切なものが失われてしまったのではないかとして、次のように述べている。「合理的・機能的に学生を『生産』する目的で生まれた統合的な学生支援という発想には、ひょっとすると同じように大切なものが欠けているのかもしれない」

　大山の指摘を見ると、当時誰も意識していたわけではないが、アメリカ社会ではすでに1930年代から、その繁栄の陰にある虚構の問題がじわじわと、人々の心に浸みこみ始めていたのかもしれない。アメリカの大恐慌から70年後、同時多発テロによって攻撃を受けたワールドトレードセンターの跡地を見た日本人の「私」が、繁栄の象徴であるマンハッタンの摩天楼の上で、「絶対的孤独感」というイメージ体験をし、そのことが自ら旅立った「彼」を思い出させた。つまり、「私」が「彼」に対して学生相談室の担当者として実施した支援と、同質のものであるSPSのような統合的な支援という発想では、必ずしも人々の心を癒し得るものではないことを物語っている。言い換えれば、大山の言う「欠けている大切なもの」の一つは、摩天楼の住人らのような経済的豊かさでも、そこで働くためのスキルを身につけることでもなかった。したがって、治療者としては、彼が描いた豊かなイメージを共有し、大地に根付く大いなる生き物としての「イメージ体験」に寄り添うことが必要だったと考えられる。

第2章

「イメージ表現」の重要性

第1節　解離症状を抱えた「アイさん」について

　前章において、筆者が学生相談室で出会った若者との交流を通して、イメージを共有することがいかに困難であるかということと、表現されたイメージに治療者が真摯に向き合うことの重要性を見てきた。2000年代を迎えた当時、学生相談室を訪れる学生も、前章で登場してもらった「彼」のように精神病理様症状を示したり、現実感覚が極めて希薄な解離症状をもつ学生が多くなっていった。彼らは総じて、幼少期よりまじめで、よい子を演じており、大学生活には現実的に適応しようと努力している、あるいはそれゆえに、現実生活にある種の違和感を覚えて来室したり、不穏な行動をしているとみなされて、家族や大学関係者によって連れてこられた。

　大学生活への適応を主たる目的とし、かつ料金や時間の厳密な枠を持たない学生相談室では、このような症状を有する学生に対する対応は大変難しいものがあった。実際には、彼らに対して直接症状や行動を問題にして、大学へ適応する為の援助を行っても、場合によっては、入院を余儀なくさせる事態を誘発させたり、人間関係の複雑なもつれを引き起こしたり、生命にかかわる事件や事故にもつながりかねないと感じることもあった。そこで筆者は彼らとの面接では、直接症状や行動を問題にし、大学への適応のために援助

するのではなく、しばしばイメージを通した交流を行ってきた。その形は夢、箱庭、絵などさまざまであり、筆者が求めたことも多いが、自ら語りだしたり、希望する場合も少なくなかった。彼らとの面接を通して筆者は、外的枠のあいまいな学生相談においては、イメージによる交流が内的枠として機能することを考察した（友久，2004）。治療枠としてのイメージについては河合俊雄（2004）が、イメージによる心理療法について、危険性や侵襲性があることを認めた上で、生々しい現実の問題を直接的に語る必要が無いため、イメージが内的枠となって現実生活に混乱が及ばないことがあるとしている。イメージの重要性については、ユング（Jung, 1957/1996）が相対立するものをつなぐ超越機能として述べているが、筆者は多くの解離症状を抱えた学生と出会う中で、イメージは内的枠、あるいは相対立するものをつなぐものとして機能するだけではなく、治療者とクライエントの現実的関係を超えて、心の深いところで両者をつなぎ、それがクライエントを現実世界へ導くのではないかと考えるようになった。

　そこで、ここでは解離症状を呈した女子学生に登場してもらい、彼女が面接過程で表現したイメージの内容やその動きを再検討することで、心理療法におけるイメージの意味や重要性を明らかにしたい。彼女を仮に「アイさん」と呼ばせてもらおう。

　アイさんは主訴としては申し込み用紙に「人と雑談ができない」と記入していたが、授業にも出席しクラブにも所属しており、表面的には一般的な学生生活を送っており、単純な青年期同一性障害かと思われた。しかし、アイさん自身はコミュニケーションがうまくいかず毎日がつらいと訴え、面接場面での感情交流の難しさや、現実場面で見せるにこやかな表情とのギャップに、ある種の危うさが感じられ、解離症状を抱えているのではないかと考えられた。

50 　第Ⅰ部　心理臨床実践における「私」の体験

第2節　アイさんが表現したイメージの流れ

　面接は長期にわたって続いたが、ここでは来室初期の9ヵ月間の、箱庭や夢の流れを中心に四期に分けて述べていきたい。(「　」内はアイさん、〈　〉内は治療者の発言またはその要約、【　】内はアイさんの夢の要約)

1. 来室初期

　初めて来室した時には「大学に入って気がついてみると、人と会話ができていない。感動もないし、時々"私は人間ではない"と思う。クラブの合宿にも参加したが、誰とも会話ができず"心が裂けた"と感じた。今はもう何にも興味が湧かない」など重苦しい話を淡々と話した。次の週には「日常生活はごく普通です」と言いながら、「人に見えるものが見えない。すべてのことに何の感動もない」と訴えたため、筆者は〈絵や箱庭で表現してみるのもいいのでは〉と提案した。「絵を描きたい」という希望で風景構成法を実施した。(口絵参照　写真①)非常に集中した様子で、時々独りごとを言いながら描き進み、山は軽く拒否した。50分では描ききれず30分以上時間が超過したため、次回に話し合う約束をして終了した。

　3回目には思いつめた様子で来室し、筆者が風景構成法について話し出せないでいると「人と一緒にいたいと思いながら、"人に近づかないで"と心の奥底からメッセージが聞こえてきて、近づけない」と語り始めた。また「授業で夢の話を聞いた。自分も毎日いっぱい夢を見て、印象的なものはメモしている」と話すため、夢について話し合うことを提案した。

　4回目にはいくつかの夢を記録して持参した。その中の一つは【あちこちにテレビがついていて、怖い内容のビデオが流れている。offスイッチを押しても消えない】と、二つ目は【部屋の中にたくさんの人がいて、一人一台テレビをもっている。各々違う番組を見ているだけで話をしない】というものであった。その後、連想を聴いてみると、また新しい夢【私のデビューの

舞台みたいに階段が続いており、たくさんの花が生けてある。お祝いのアレンジメントもたくさん立っている。そこを飛んで降りてゆくときもあるし、手すりを滑ってゆくときもある。行ったり来たり何回も繰り返している。こんな夢は大体足が床についていないで、いくらでも飛ぶことができる。ホテルに自分の部屋もあるが中には入らない】である。その他にも【いつも廊下や階段、エレベーターがあり、そこを行ったり来たりしている。テレビの画像は不快な内容で、戦争の実録、原爆の惨状など見たくないものが出てきて、画面は色あせて黄色い】などと語った。また、【飛ぶ夢】を小学校の時からよく見るなど、次々と夢の話が膨らみ、独り言のように語るのを筆者はじっと耳を傾けているのみであった。5回目には【エレベーターで上に上がっていく】【壁のないエレベーターに乗ってものすごい勢いで上下して行く】【鉄の螺旋階段を大勢で降りてきて、光のあたったステージにゆきあたる】など、四つの夢を書いて持参し説明を加え「身構えなくなったので、友人関係が楽になった」と話した。

　6回目は【座敷で合宿をしている。15～6人の女の子がいて、先生が黒板とテレビを持ち込んで授業をしている。ビデオが流され、学生が解釈をしていく。内容は未来の男の人が装甲服を着て潜水機械に乗り込み海底に下りて行くもの。当てられた私は、解釈ができなかったので笑われる。字幕も音声も宇宙語らしく、さっぱりわからないのだが、みんなには理解できるらしい】というものであった。その他、ぎっしり夢の記録を書いたレポート用紙3枚を、鞄から出し、最近「エレベーターの夢はなくなりました」と話した。夢を語り終わると、「今まで怖いことが多かったが、楽になった」「出てくる人の名前や顔を覚えているのは久しぶり。人に何かさせられる感じも少なくなった」などと語り、イメージが明確化してきたことをうかがわせ、筆者は少しほっとした。

　7回目、8回目にはレポート用紙数枚に、ぎっしり書いた夢の記録を持ってきた。その中の一つに"潜水婦の夢"とタイトルをつけ、【お母さんは素潜りで50mを軽く潜る人である。娘は彼女から見よう見まねで潜り方を習ってい

52 第Ⅰ部 心理臨床実践における「私」の体験

る。母の手にかかると畳の部屋も海になってしまう。娘はそこで練習するが20mしか潜れない。おばあさんが"身体を柔軟にしたら潜れるよ"と言う。彼女は素潜りの偉人と言われた人らしい】という夢を二夜連続でみたと話した。その他にも【自分は白髪で白い服を着ていて少年か少女かわからない。黒い髪で黒い服を着た大人と旅をしている。切符を5～6枚持って改札を通る】など次々とイメージがふくらみ、この日「母親を肯定できた」と語った。

2.イメージの噴出期

その後、24回目まで、毎回レポート用紙にびっしりと夢を書いて持参した。数枚の時もあったが、多いときは14枚に及び、筆者はその夢とどう向き合おうかと、戸惑い動揺を感じることもあった。また、アイさんは夢について語りだすと、自分なりの連想や説明を加えどんどんイメージを広げて筆者を圧倒した。

14回目には「すごい怖かった。自分がのっとられそうになった」と語り、この日も夢をレポート用紙4枚にぎっしり記録してきた。文脈はかなり混乱しているが、要約すると次のようになる。【私はものすごいものの近くにいる。彼は明らかに狂っており、周りの人を巻き込み、人を従わせる力を持っている。彼に従った多くの人が狂わされたり、殺されたりする。彼は人格がいくつもありそれが次々と出現してくるが、ふとすべてが重なる時がある。整然と話す時もあるが、友人が話しかけると正反対の口調で語り、その声は勝手に心に入りこみ、被害者と第三者の心がたくみに書きかえられ、私たちは心が書きかえられたことを知らずに納得し殺されていく。彼はどんどん私の心を占め圧迫し占領する。彼は核戦争で質が変わってしまった心なのかもしれない。彼は昔有名なミュージシャンだったが、だんだんとおかしくなってきて、インスピレーションの源泉だった何かが、巨大な化け物になって一人歩きし始めた。彼はジョン・レノンの顔をしてピート・タウンゼントと名乗っている。レコードはCD化され、すべてのことが彼に関連していて、私

は彼の足に絡みとられてしまう。私は呆然として抜け殻のようでただ怯える
だけだった】である。連想を聞く必要は無く、読みながら自分でどんどんイ
メージを広げてゆくように思われた。

3. 退行の時

　25回目から32回目までは、退行し現実でも感情表現を始めた時期と言え
る。25回目には【おとぎの国に女の子が合宿にきた】【私はサルで電線沿い
に飛んでいる】【友人とは違った制服を着た私】【本とシールで遊んでいる】
【プレスリーとミッキーマウスの仲間がやって来るが、彼らは死んでしまう】
と5つの夢を持参した。「夢の内容が自分の内面みたいでわくわくして書い
ていたが、急に幼い自分が見えてきて書くのが嫌になった」「ほんとうの私
がいない」と語り、初めて涙を流した。

　26回目には「初めて母親と話し合った。しかし、理解されなかった」と涙
を流し言葉にならず困惑したため、筆者が箱庭を提案した。すると自然に箱
庭に向かい5分ほどで仕上げ、(口絵参照　写真②)「女の子 (中央) が泣いている
と、人が集まってくるが、ばらばらの方向を向いている」と説明を加えた。
このころから面接の日以外にも、相談室のサロン室に頻繁に休憩に来室する
ようになった。27回目には「すべての人が遠く、話しても他の国の言葉で話
しているみたい。私は引きずられている空き缶のような存在」などと話すが
内容は混乱しており、表情は硬く視線が鋭く、筆者には危機的なものが感じ
られ、1週間に2回40分の面接を提案した。

　28回目には「外の世界は動いているが、遠くて自分の中には取り入れられ
ない。空っぽみたいで川の中を流されているよう」などと語り、話の内容は
理解が困難になった。そして箱庭を希望 (口絵参照　写真③) し、「こういう物
があるということです。みんな倒れてしまって、言葉にならない」と涙を流
した。

　29回目には【アンバランスな家に父が杭を打つ】という夢の話をして「父

は杭を打つ人だった」と涙を流した。次の回には、夢の絵4枚を、その次の回にも夢の絵3枚を持参し、その中の一枚について（口絵参照　写真④）【男の子と二人で道を歩いていた。水かさが増してうねるように流れている。すごい川、大変なことになったと思う。まだらのすごい空、白い太陽の筋、そこを鳥が飛んでいる。コンクリートの橋があるが渡れない】と説明した。

32回目には夢の絵7枚を持参。その内の1枚（口絵参照　写真⑤）【繭の中にいる感じ。空気の量が決まっておりよどんだ感じ。繭の壁で押しつぶされている】と話した。しかし夢の絵（口絵参照　写真⑥⑦⑧）を説明し始めると言葉も不明瞭になり理解が困難になった。凄惨な交通事故の説明のようだが、イメージが漏れ出すようになり「心の中に声が聞こえる」と妄想的体験を語るまでになった。筆者はアイさんのイメージの語りに危険を感じ、〈夢を絵に描くのは混乱を招くのではないか〉と夢は面接室で話すように提案した。

その後、35回目までは夢を語らず、引きこもっている自分への嫌悪感を語るようになり、このころから沈黙が長くなった。36回は「箱庭を作りたい」と来室し、ボーとした表情で次々と人形を置いていった。

37回、38回は、沈黙が長くなるが、【飼っている犬を、歌を歌って励まそうとしている】【母と一緒に地下鉄に乗っているが、どこで降りたらいいのかわからなくなる。日本地図が貼ってあるが、ふと横を見ると路線地図があり、同じところを回っているかもしれないと思う】など夢についても話した。

39回目は「箱庭を置かせてください」と来室し、（口絵参照　写真⑨）置き終わると棚の前に行き「人形がいろんな表情で迫ってきてこの子（赤いパンツをはいた子どもの人形、写真②で枠に腰掛けていた）も置いてあげたいのだけどどうしてあげたらいいのか」と涙ぐんだ。

40回目、「学校に行こうと思っていたが、なぜか教会に行き、パーティの夢を見た。神父さんに声をかけられ『魂の記録ですよ』と言われた」と話した。

41回目には手紙を持って来室した。それには「先生は母親を思い出させるので、他の施設を紹介してほしい」という主旨が書いてあった。筆者は突然

だったので驚き、夢の絵を制限したことを、拒否されたと受け取ったのでは
ないかと、後々まで苦い思いを残すことになった。しかし一方で、母親イ
メージを持った治療者に初めて攻撃性を向けたとも考えられ、筆者にはまた
やってくるに違いないという確信もあった。手紙の内容について少し話し合
うが、他の治療施設を強く要求する様子もないため、筆者は〈学生相談室に
来るかこないかは、あなた自身が決めるべきこと〉と話し一応終了となった。

4.その後の経過

　次の年、筆者はアイさんが休学していることを知り、ふと気になって健康
をうかがう手紙を出した。アイさんからは返事がすぐに届き「この半年間、
親との間にさまざまな争いがあったが、案外明るい休学生活を送っている」
とのことであった。また【友人と目を見て話せるようになった夢】をみてか
ら、現実的にも昔の友人には会えるようになったことが記されていた。その
後、休学して2年目の春、2度にわたって長い手紙が送られてきた。それに
よると、2年の休学期間中は、親の期待に応えるべく運転免許を取りに行っ
たり、アルバイトに挑戦したが、いずれも苦しい体験であったこと、しかし
「夢日記」をつけていて救われたとのことであった。
　その年の3月になって、「4月から復学を決めた」と来室し、【祖父がみん
なを見守っているからと語る夢】を報告し、「復学して現実を生きる努力を
したい」と話した。その後復学して授業に通い始めた4月の末、ふらつきな
がら来室し「もう一人の私がいる」「私は無能者」などと語ったため、筆者は
〈現実を生きることは重要なことだが、そこだけを生きようとするのは苦し
いこと、人間はみんなもう一つの世界を生きている〉といった話をし、再び
夢について話し合うことになった。それ以降、次年度の春まで、夢の記録を
持って来室するようになった。11月には【二つの学校に通っている夢】を報
告し、「物事がつながっていることが理解できる」と話し、3月には卒業の見
込みもたった。

56 第Ⅰ部 心理臨床実践における「私」の体験

　しかし、卒業が近づくと母親から就職するようにプレッシャーをかけられ
たことから不安が高まり、現実生活に支障をきたし、そのたびに母親から叱
責を受けるという悪循環を繰り返すようになった。そのころから面接とは別
個に、大量の手紙が届くようになり、母親への両価的な思いが綴られていた。
そのため筆者は卒業後も支えてゆく必要性を感じ、昼休みを利用して面接時
間を設定し、アイさんは学生相談室に通い続けた。その間、初めは「もう一
つの世界」と称して夢の話を中心に、その後だんだんと夢の報告は少なくな
り、母親の要求に応えて現実を生きることの難しさを話し、時には危機的な
状況も起こってきたが、現実生活は徐々に安定していった。

　出会ってから8年目の秋、「次の面接を最後にしたい」という手紙が届い
た。筆者にとって唐突な感じがしないわけではなかったが、もともとかなり
無理をした面接でもあり、終結を迎えてほっとしたのが正直な気持ちであっ
た。最終回には、筆者の方からお願いして風景構成法を実施させてもらった
（口絵参照　写真⑩）。しかし、その後もしばしば手紙が届くことがあり、筆者
の気持ちもそのたびに揺れ動いたが、それも落ち着き、季節の挨拶程度の交
流が続いていた。その後学会のワークショップ（以後WS）で彼女の面接経過
を使わせてもらうために連絡を取っていたのだが、WS直前になって、自分
の作品の個展を開くという手紙がアイさんから届き、筆者は深い感動を覚え
た。さらに、その数週間後、筆者の夢の中に、アイさんの悲惨な交通事故の
夢の絵（口絵参照　写真⑥⑦⑧など）が出てくるが、それを筆者がじっと見てい
ると、アイさんが現れ「私は生きています。生きてて良かったです」と語り、
この出来事は筆者にとっていっそう深い体験となった。

第3節　表現されたイメージの意味

　アイさんは41回の面接を通して風景構成法、夢を書くこと話すこと、夢
の絵、箱庭とさまざまな形でイメージを表現している。心理療法としてそれ

第2章　「イメージ表現」の重要性　　57

らが適切であったかどうかは議論の余地があるが、アイさんの心にとって、そういったイメージ表現が最も適切であったことは間違いない。そこで、彼女が表現したイメージがどのような働きをしたかについて考えてゆきたい。

1.風景構成法から読み取れること

　来室当初、アイさんはある程度の日常生活をこなしながらも離人症状を有し、対人関係の苦しさを訴えていたが、3回目に描いた風景構成法はスタティックなものではなく動きがあり、時間をかけた塗り方はゴッホの絵のようでもある。画面の前方ほとんどは、斜め上空から眺めた鳥瞰図になっており、右側に家として描いたお寺の屋根が見えるが家ではなく、山も見当たらない。これは心身を休めるべき安定した家の存在を欠くということかもしれないし、山が描かれなかったのは目標を見出せないでいるともとれる。手を上げた男女の子どもには黒い影が描かれ、画面の半分ほどを占める広い田んぼは、中央に鳥脅しの風船の目がついており、それをつないでいる糸には小鳥が止まっていたり、かかしの表情は生き生きしているようでもあるが、どこか奇妙である。また、5本の耳を持つウサギの花売りの存在は、田んぼとの関係からも不自然さを拭いきれない。川の向こうには視点が微妙に異なる道が描かれ、その向こうには黒い人影が歩いている。

　風景構成法における視点の問題については、高石が自我発達の側面から、視点が真上に変化することは、自己中心性の段階から自我と対象との距離を一気に大きくとり、視点を上空に飛ばし、空の高みから風景全体を一望のもとに捉えようとする試みであると述べたうえで、「筆者の独断的想像」としながらも「人間が、その存在が危機にさらされると、真上から、それもしばしばはるか彼方の上空からものを見ようとする」（高石，1996）と主張している。アイさんの風景構成法で見る限り、これは存在の危機という意味において適切な知見である。つまり、手を振る男女の子どもや黒い人影は見られる私であり、ある種の不安や不安定感を表し、そのような存在の危機を迎えて、

一気に対象に距離を置き視点を鳥瞰図的にあげ、はるか上空から見ることによって、自らの存在の安定を図っていると言える。またかかしや鳥脅しの大きな目は、このような「見る私」と「見られる私」の強調であるかもしれない。

最後の風景構成法では、二つの山が現れ山に向かって道が続き、それぞれの山の前には一軒ずつ赤い屋根の家ができ、全体の印象としては青年期女性によく描かれる平凡な作品になっている。しかし、これは家族の要求に応えて現実を必死に生きてきたアイさんがその限界を感じ学生相談室を訪れ、もう一つの世界の仕事としてイメージ表現をし、二つの世界を表しているともとれる。奇妙な花売りウサギは消えピンクの花が咲き、岩も小さくなり違和感が無い。川も魚が泳いで生き生きとした流れで、見られる私の存在は感じられず、見る私として適切な距離に視点が定まり、安定していったと思われる。このように1枚目の風景構成法が描かれてから、最後の風景構成法にいたるまでの間には、たくさんの夢が語られ、その心の作業がこのような変化を生み出したことがうかがわれる。そこで次に、語られた多くの夢の中からいくつかを取り上げ、その意味を考えてみたい。

2.夢の意味すること

アイさんは4回目に初めて夢を記録してくるが、その時までに自分でたくさんの夢を書き記すなど、夢に関心を持っており、夢の記録以外に面接場面でもたびたび夢の話をしている。はじめて持ってきた夢は壁や天井にテレビがついており、内容は恐ろしく off スイッチを押しても消えないという。これはアイさんが周りを見上げながら生きてきたその生き様であり、押しても消えないスイッチは何処か迫ってくる圧迫感があり、一歩間違うと妄想的になる可能性であり、それは筆者が感じた危機感であろう。しかも連想を求めると次々と新しいイメージが湧き、たくさんの花、お祝いのアレンジ、自由に飛ぶことができるなど誇大妄想的でもある。しかし、テレビが各々違う内容である点は内面性を、自分の部屋のイメージは主体性を感じさせ、ある種

の強さも期待できる。

　面接5回目には危険なエレベーターの夢を記録してくるが、エレベーター
の夢は4回目にも語っており、繰り返し上下運動の夢を見ていたと思われ
る。上昇と下降をする夢については河合俊雄が摂食障害者の夢の特徴として
あげ、この場合「主体としてこの世に降り立てることが課題」（河合俊雄,
2000）と述べている。アイさんは摂食障害の症状は有していなかったが、主
体の在り方としては、上下運動を繰り返したり飛び続けたりしており、この
世に降り立つことが必要だったと考えることができる。その意味で、この回
に螺旋階段を下りてきて、光の当たったステージに行き当たるイメージは、
この世に足をつけぎりぎりのところで収束して、精神症状の発症が抑えられ
た可能性を感じることができる。そして、現実的にも友人関係が楽になった
と語っている。

　6回の夢ではテレビは一台になり学生が解釈してゆく。これは学生である
アイさん自身の力で自分なりのものを獲得し、迫ってくる世界を跳ね返す力
ととってよいであろう。しかも、上下運動の繰り返しが無くなり、潜水機械
という近代的機器で潜るイメージへと変化し、宇宙語のため自我レベルでは
理解できないが、みんなには理解できると、深いところでは理解し始めてい
ることをうかがわせる。また、人の名前や顔が判るようになるなど、イメー
ジの明確化に伴い、自らの心の流れに気づく力をつけていったと考えられ
る。8回目には潜り方を教える母親と娘のイメージ、それに加えて素潜りの
偉人と言われたおばあさんが登場してくる。これは無意識の深みで出会う治
療者イメージとアイさんの自己イメージであろうし、アイさんの内面に生ま
れてきた母親イメージでもあろう。白い服を着て白髪の私と黒い服に黒髪の
女性はどこか神秘的、魔女的であり、彼女らが改札を通過している姿は、次
の世界への移行を示唆していると考えて間違いないであろう。現実的にも
「母親を肯定できた」と語り、アイさんの中で母親イメージが変化している。
この間筆者はひたすらアイさんの夢に耳を傾け、彼女のイメージの世界に沈
み込み、筆者の存在はイメージを通じて“包む枠”として機能していたと考

60 　第I部　心理臨床実践における「私」の体験

えられる。

　イメージの噴出期では、毎回多くの夢の記録を持ってきては語っている。ほとんどが長く、恐ろしく、ストーリーは難解で、筆者は圧倒され、夢の受け皿として必死の守りの姿勢であった。内容的には14回の夢に示されているように、強い男性性の侵入を受けていることをうかがわせる。1960年代に圧倒的な存在感を示した人気ロックグループのメンバーである、ジョン・レノンやピート・タウンゼントのイメージで表現されるように、体制への抵抗運動であり、核や地雷など近代的な暴力の臭気が漂っている。そして、そういったものにアイさんの自我が絡みとられ、抜け殻のようになってただ怯えていることを意識化してきたと考えることができる。

　「おとぎの国の女の子」、「本やシールで遊ぶ」、あるいは「ミッキーマウス」のイメージなどは、アイさん自身が語るように内面の幼さを示し、無意識は激しい退行を起こしていたと考えられる。このころから基本的な愛情欲求が強まり、面接場面でもしばしば涙を流したり、学生相談室のサロン室にたびたび出入りするようになった。また家族に対して自分の思いを語ることもあったようだが、受け入れられず、27回目には空き缶、28回には川の中を流されていると語り、中心が揺らぎ離人感を深め、現実生活の不安定さが感じられた。29回には父なるものに閉じ込められているイメージを語っており、その後、30回以降夢を絵に描いてきて説明をするようになった。絵はいずれも曇りガラスを被せたようにぼんやりとしており、言葉で表現しきれない離人感が、絵という形で表現されたかもしれない。まるで自らの個展を開くように、32回目までに14枚の絵を持参している。そして淡々とした表情でそれぞれに説明を加えていくが、筆者が必死に耳を傾けていても理解が困難で、次第に妄想的になっていくように感じられた。それは物凄い川の流れがあり、橋は架かっているが渡ることができない夢や、空気の量が決まっている繭の中にいる、よどんだ感じの夢のイメージからも読み取ることができる。

　32回の夢の絵の説明を聞いていると、それが交通事故であること、悲惨

な状況であることは理解できるのだが、淡々としたアイさんの表情から漏れ出てくる話の内容は凄まじく、筆者は圧倒され耐え切れなくなり、夢の絵を描くことを制限してしまう。しかし、この絵をよく見ると3枚の絵の下中央には見ている人がおり、いずれも後頭部だけが描かれている。ここからは激しい破壊や衝突が起こってはいるが、一方でそれを見ている主体としてのアイさん自身が存在していると感じることができる。その時の筆者は、このようなアイさんの心の動きに十分添いきれなかったと悔やまれるが、アイさんにとってこれら一連の絵を描くことは、妄想化しがちな内界をイメージとして絵の中に収めることができたとも考えられる。

　そのように考えてみると、イメージは無意識と自我をつなぐ役割を果たし、その経過の中で夢の絵（口絵参照　写真⑥⑦⑧）に表現されたように主体としてのアイさんの自我が動き始めたのであろう。それにしても、もしそのまま治療者が彼女のイメージに添い、深めていくことができていたら、41回で突然の終了が訪れるのではなく、アイさんの社会復帰まで10年以上もかかることはなかったのではないかと、筆者はこの回の自らの姿勢に、長く心を痛めることとなった。

　そのような状況で33回目には来室しないのではないかと不安に思っていたが、アイさんは来室し、いつもの淡々とした調子で現実生活の話をし、沈黙時間は長くなるが、表情と話の内容とのギャップがへり、筆者は少し落ち着いて向き合えるようになった。その経過から見ると、当時は全く思い浮かばないことであったが、32回の絵に登場する後頭部の人はアイさんにとって、見守る治療者イメージであったかもしれない。そして38回には犬を励まそうとする夢や地図の夢を語っている。これは方向性がわかりにくく循環しながらも、行くべきところに行き着くイメージを描くことができる。40回には自分の意思とは異なるが、教会を訪れそこで夢を見て、神父さんは夢が"魂の記録"であると語っている。これはアイさん自身の意思とは必ずしも一致はしないが、魂の記録として夢を捉え、その結果、筆者に対して初めて、面接の終結という形で攻撃性を表現し得たと考えることができるのでは

ないだろうか。

　その後の経過の中でも、アイさんはしばしば夢を見て報告したり、手紙に書いて自分なりの解釈をすることがあった。特に何かの節目には意味のある夢を見たと報告しており、【二つの学校に通う夢】のイメージにみられるように、アイさんにとっては現実を生きると同様、夢を見ることは重要な心の営みであったと考えられる。

3.箱庭について

　箱庭は全部で4回置いており、26回に筆者が言葉で語ることが困難と判断して、置くことを勧めたのが最初である。5分ほどで作りあげたもので、内面の深い思いではなく、言葉では伝えることができない心の現実を箱庭の中に表現している。とはいえ、斜め後ろに守り神のようにお地蔵様を置き、枠の右隅には枠から飛び出してきたような格好で、赤いパンツをはいた子どもが座っている。この子は、中央で泣いている女の子とともに、Aさんの内界で動き出した自己イメージかもしれない。

　その後、28回に夢の記録がなくなり、現実感覚が不安定になりはじめたときにも自ら希望して箱庭を置き、それは言葉にならないアイさんの内なる世界であろう。昆虫や爬虫類から哺乳類まで多種多様な動物、人間は子どもから戦う人まで男女入り混じり、動物も人間もほとんど倒れ、怪獣だけが右上のほうで立っている。これは自分自身で制御しきれない怪しい獣たちだけが、心の奥で動いていることを物語っているのであろう。

　箱庭の3回目は夢の絵を語る言葉の混乱が収まったころの36回目に、箱庭を作りたいと希望して来室したときのものである。たくさんの人間をどんどんと立たせ、動物もピアノを弾くウサギ、ニワトリ、カエルなど数種類を等間隔に置いている。しかし、28回目の作品に比べると、虫や爬虫類が消え進化した動物で、人々が立ち上がりより健康なエネルギーを感じることができる。

4回目もやはり箱庭を自ら希望して来室している。チルチルとミチルの赤い人形は、幸せの青い鳥がはるか遠くの国にいるのではなく、身近にいることを思い浮かばせる。白い台灯籠は行く手に光を照らすものであり、その前におかれた親子のニワトリとアヒルは家族を連想させる。そしてこの時初めて少し砂に触れることができている。この作品には圧迫感は無く、むしろ立ち上がった人々が大人の男女として動き出したようにもとれる。また、赤いパンツをはいた子どもを指差し「この子をなんとかしてあげたいのだができない」と語るが、この人形は初めて箱庭を置いた26回目に、箱庭の枠の右隅に置かれていたもので、アイさんの自己イメージと思われ、自分自身への肯定感の表れと思われた。

　4回の箱庭作りでアイさんは、いずれもほとんど砂に触れることは無く、短時間に箱庭と人形棚の間を淡々と往復している。そのため、深まりや重さ、情緒的な動きといったものは感じにくい。しかし、夢の絵をはさんで、混乱から徐々に収束に向かっていった様子を箱庭作品からうかがい知ることができる。また初めに描いた風景構成法の5つ耳のウサギから、ピアノを弾くウサギへ変化していったことからは、「聞こえてくる」という受け身な状態から、演奏するという主体的なイメージへと変化したことがわかる。あるいは、中央に置かれた閉じた便器は、他のツールとの関係から見ると、多少奇妙な感じがしないでもないが、一応の終了を予測できるかもしれない。いずれにしても一連の箱庭表現の流れは、面接後半におけるアイさんの心の流れを的確に説明しているといえる。

第4節　クライエント・治療者間におけるイメージのはたらき

　アイさんの面接過程をめぐって、現実的な関係を問題にするのではなく、風景構成法、夢そして箱庭と、それぞれのイメージを重視し、それが何を意味し、どのような働きをしているかについて考えてきた。それは、アイさん

が面接場面では感情的交流が難しく、関係を深めることは困難であるため、アイさんのイメージに徹底的に添い続けることが重要だと筆者が感じたためであった。そして、アイさんはこの間、まるで夢を見ているように、時に妄想と区別がつかなくなるほど饒舌に夢を語り、筆者がそのイメージに添い続けることで、それは大きく変容を見せた。その後アイさんのイメージが語りにまで漏れ出てくることで、筆者が添いきれず制限を加えてしまったが、彼女のイメージに従おうとする治療者の姿勢は、自然な形で切る枠として作用し、アイさんを内界に留まらせるのではなく、現実世界に開かせることになり「夢は魂の記録」と夢の枠におさめた後、突然自ら終結を宣言し約2年間二人の現実的関係は切れてしまう。ところが、現実の関係が切れることによって、筆者の心の中にアイさんのイメージはある種の罪悪感とともに長く生き続けることになった。面接再開後には、アイさんは以前には触れることの無かった母親への両価的な思いを語ったり、手紙をしたためるなどし始め、母親の存在が内在化してきたことをうかがわせた。その後、長い面接過程を経て終結を迎え、アイさんは自らの現実に向き合うようになった。そして、出会ってから10年以上後に、筆者が事例提供の機会を得て、イメージの意味を探るという作業を通じて、彼女は筆者の夢としてよみがえってくる。しかもその夢はアイさんの苦しい心の内を表現した交通事故であり、それをじっと見つめている治療者の姿である。これらのことは、現実的解決を優先するのではなく、治療者がアイさんの表現するイメージに添い続けることによってアイさんの内界が安定し、イメージが自由に動きはじめたと考えられる。

　その後、イメージが漏れ出ることで治療者の限界が訪れ現実の関係は切れてしまうが、イメージそのものは二人の間でずっと生きつづけ、まるで地下深く通る水路のように関係をつないでいた。終結後長い時間を経過していたにもかかわらず、筆者が事例を振り返る機会を得て、アイさんから個展開催の便りが届き、筆者の夢の中にアイさんが登場し、新しいイメージとして筆者の内界に働きかけてきた、と考えることができるだろう。もしアイさんのような内面を抱えた人に、二者関係や現実生活を重視した対応をすれば、イ

メージは硬化しアイさんの内なる世界は混乱や破壊が進み、行動化させたり症状を悪化させたかもしれない。言い換えれば、イメージの流れに忠実に添うことによって、それが内的枠となりイメージが動き、アイさん自身の二つの世界をつなぎ、さらに、アイさんと治療者の境界深くにイメージは生き続け、両者の関係をつなぎ、現実生活に大きな混乱を起こすことなく心理療法過程が進んだと言えるのではないだろうか。

このようにクライエントと治療者の間で生まれ動いてゆくイメージを、ギーゲリッヒ（Giegerich, W.）は、客観的な第三の要因「魂」として、その重要性を主張し、それは「独自の現実性を有する世界」で、これは「相反する部分に分かれて発展してゆくが、究極的には一緒に属し」その一つが魂そのもので、もう一方がそれについての理論、つまり心理学だと説明している（Giegerich, 1978/2000）。このギーゲリッヒの説明をアイさんの面接過程に援用すると、アイさんが面接場面で豊かに表現したイメージと、それに筆者がひたすら耳を傾けたことで生まれてきたイメージは、ギーゲリッヒの言う『魂』であると考えられる。そして、筆者がワークショップへの事例提供を決めて以来、アイさんのイメージと格闘することによって筆者の内界が動き、第三の要因として息を吹き返し、心理療法として意味を持ったと考えることができる。

その後、この小論の骨子はできたが、どのようにまとめていこうかと思い悩んでいた時、筆者はアイさんから久しぶりにはがきを受け取り、不思議なエネルギーをもらい、これを一気に書き上げることができた。しかし、筆者の意図や想いを読む人に伝わるものに書き上げるのは意外に困難で、半ば諦めようと思っていた。その矢先、アイさんからお祖父さんが亡くなったという手紙が届いた。そこには、「天寿を全うし、安らかに眠りについたお祖父さんに見守られている気がする」と記されていた。そこから筆者にも何者かに見守られるイメージが湧き、改めて本稿に向き合うことができるようになった。

第3章

イメージの境界性

第1節　「境界」について

　前章では、心理療法においてイメージがどのような働きをするかについて、筆者が出会った女子学生のイメージ表現を通した心理療法過程を振り返ることで考えてきた。そこで明らかになったことは、心の中の切断された事柄をイメージがつなぎ、クライエントと治療者との関係は、現実的には切れてしまったとしても、深いところでイメージとして生き続けることが可能であるということである。そのイメージは、現実的な努力ではどうにもならない「何か」、ギーゲリッヒのいう「第三のもの」「魂」というべきもので、それは心と心、人と人との間の「境界」に存在するように思われる。ではその「境界」とは一体どのようなものであろうか。

　「境界」にはさまざまな意味合いがあるが、現代人の「境界」の問題について河合は次のように語っている。「人間の意識は限りない分化と統合の繰り返しによって進歩発展を遂げてきた。そのような過程のなかで、西洋の近代において、心と体、自と他、の区別が確立されたことは、実に偉大なことであった」としながら、現代はあらゆる面において、「境界」が大きい問題となりつつあると述べ、精神病とも神経症とも診断しがたい現象が生じる境界例や心身症に言及し、彼らの存在は「現代人の思考が、あまりにも明確に物事

を区別して考えるのに対する、『自然』の側からの反撥、あるいは挑戦として受けとめられないだろうか」と問いかける (河合, 1989)。また、心身症や境界例の問題のみでなく、「自然」としては明確な区別をもつ男性と女性の境界について「越え難い一本の線ではなくなったのではなかろうか」とし、「この問題は人間の意識の在り方と、『自然』との関係を考える上で困難にして重要な課題となる」と主張している。さらに「自と他との区別は明確であるが、意識の次元が深くなっていくと、その境界はあいまいとなり、融合が生じてくるのである」と述べ、「科学」という名のもとに、物事を切り分け区別することで、その本質を見極めようという姿勢に警鐘を鳴らし、むしろ、境界をあいまいにして自我を超えた意識をもとうとする姿勢が重要であるとしている。

　一方、民俗学の立場から赤坂は「境界」について次のように述べている。「死後の世界が確かな実在として存在したとき、生／死はくっきり分節化されていた。現世／他界を往還することが可能であると信じられた古代、生／死を分かち繋げる境界は、黄泉比良坂とよばれた。坂が現世／他界を、生／死を仕切る境界であった」(赤坂, 2002)。そして、『遠野物語』における姥捨ての習俗を取り上げ「昔は六十を越えると、老人たちは村境にある蓮台野という小高い丘のうえに追いやられた、という。村のはずれの蓮台野は、村落と現世的な他界としてのダンノハナ (共同墓地) とをかぎる可視的な境界であった。老いと死後の世界＝他界へと、文字通りに陸続きに連なっていた、といってもよい」としている。ところが私たちの時代は、「死はひとつの生命体の終焉しか意味しない。死者たちがおもむく浄土もなければ、堕ちてゆく地獄もない。(中略) 此岸のかなたにあるのは、同じ貌をしたもうひとつの此岸であって、いかなる意味でも彼岸ではない。のっぺりと、どこまでも陰影なくひろがる均質化された空間が、ただ残される。もはや境界は存在しない」と述べた上で、「境界喪失の時代ゆえに、いま、境界論が前景に炙りだされてきているとかんがえてよい」と、赤坂もまた今日的問題として「境界論」の重要性を主張している。

68　第Ⅰ部　心理臨床実践における「私」の体験

　このように両者はともに境界を論じることが大切であるとしているが、境界を考える論点について、河合は「境界を鮮明にして区別すること」に、赤坂は生死の境界を取り上げ「どこにも切れ目がなくなり均質化した空間になったこと」にあるとしている。つまり、境界の問題は、境界が抱えた「切り分ける作用」と「分かたれたものをつなぐ作用」の問題であり、これら両側面の一方だけが強調されることによってもたらされる。言い換えれば、境界を一本の線として考えるのではなく、「どちらにも属さない」、あるいは「どちらにも属している」境界領域として捉えることが求められていると言える。

　このような境界領域的存在について、ターナー（Turner, V. W.）は通過儀礼における境界的状況やその特性に対して「リミナリティ」という概念を提唱し次のように述べている。「境界にある人たちはこちらにもいないしそちらにもいない。かれらは法や伝統や慣習や儀礼によって指定され配列された地位のあいだのどっちつかずのところにいる。そういうわけで、かれらのあいまいで不確定な属性は、社会的文化的移行を儀礼化している多くの社会では、多種多様な象徴によって表現されている」（Turner, 1969/1996）。さらに、このような境界状態にある構造化されない人間の相互関係の在り方を「コムニタス」と呼び、さまざまなイメージを喚起させ、コムニタス状況における豊かな変容の可能性を示唆している。

　しかし、通過儀礼におけるコムニタス状況も、『遠野物語』において語られる蓮台野も、私たちの時代にはそれらを実体として体験することは困難である。そのために、心理療法の必要性がうまれ、心理療法過程がコムニタスや蓮台野として機能し、豊かな境界イメージを喚起することによって、そこに人格変容の可能性を期待されているのではないだろうか。

　イメージとしての境界については河合が「自と他の境界を弱くし、治療する者とされる者とが微妙な相互連関を体験してこそ治療が進展するのである。そのときに夢を手がかりとすることが多いが、夢こそまさに『境界』存在の典型のようなものである。それは意識と無意識との境界にあるだけでは

なく、心と体、自と他、生と死などの境界にも関連してくる。夢のなかでは
これらが錯綜して不思議な映像をくりひろげる。夢はたましいの言葉であ
る、つまり、境界について語る言葉なのである」（河合, 1989）と記し、心理
療法における夢を、境界を語る言葉として意味づけている。また河合はコム
ニタス状況が長期にわたって維持されることがない点を重視した上で、「『制
度化されていない』コムニタス状況を、治療契約という枠組みの中で何とか
提供し、個人の発展の周期を区切る仕事をなそうとしているのが心理療法で
ある」と述べている。このように考えると、「境界」や「境界イメージ」につ
いて考えることは、心理療法にとって重要なことと言わねばならない。一般
には心理療法における「境界」として、クライエントとセラピスト、意識と
無意識、心と体、そして生と死などが対立的概念として問題にされることが
多い。しかし、実際の心理療法過程で、それらを区別して論じることは「境
界」そのもの、心理療法そのものの在り方をねじまげてしまうように思われ
る。つまり、心理療法がコムニタス状況を提供すると考えれば、クライエン
トの表現する夢も語りも、そこに生起する出来事も、すべてイメージであり、
そうした二分法によって区別するのではなく、境界そのものに重要な意味が
あると考える。

　そこで、ここでは繰り返し喪失体験をした一人の女性に登場してもらい、
心理療法過程で起こってきた出来事、及び彼女が語った夢そのものを述べ、
それらを通して、境界イメージについて考察したい。

第2節　境界イメージの体験——喪失体験を繰り返した女性の夢

1.クリニックの心理療法室を訪ねてきたクライエントについて

　クライエントは50歳代の女性で、摂食障害になった娘への対応に困り、
筆者のもとを訪れた。彼女は名家の長女として生まれ、音楽の才能に恵まれ、

幼いころから音楽家を夢みて成長し、将来は音楽大学に進みたいと考えていた。しかし、母親の反対で良家の子女が学ぶ女子高、女子大へと進学し、大学卒業と同時に親の勧めで、一流企業に勤める名家の男性と結婚した。一年後に息子を出産、その後も一男一女をもうけ、夫との関係は必ずしも幸せであったとは思われないが、舅に可愛がられ名家の嫁として平穏な生活を送っていた。しかし、長男が一流大学を卒業し、エリートとして一流企業に就職が決まった日に交通事故にあった。一命は取りとめたが、それ以来うつ状態のまま社会復帰できず、クライエント自身も悶々とした日々を過ごすようになった。さらに、母親に対して大した反抗もなくよき理解者として成長していた長女が、大学に入学後から拒食をはじめ、徐々に母親に対して反抗的になったことで、クライエントは娘への対応に苦慮し、知人の紹介で筆者の勤務するクリニックを受診し、主治医からの依頼で筆者が2週回に1度の面接を担当することになった。主治医の診療は初回のみで投薬は受けていない。当初、家族は夫と長男、長女、二男の5人家族、近所にクライエント自身の両親が住んでいた。

2. クライエント自身についての語り

(「 」はクライエントの語りまたはその要約、〈 〉は筆者の語りの要約)

初回面接で筆者が今までの経過を質問すると、クライエントは順序立てて知的に一見明るく、次のような内容について繰り返し話した。「大学卒業と同時に見合い結婚し、二男一女をもうけた。長男は幼いころから非常に優秀で周りからの期待も大きく、長男に手をかけていた分、下二人にはどこか手を抜いていたかもしれない。そのため今、娘が激しく反発しその対応に困惑している。子育てを嫌だと思ったことはないが、夫が協力的でないのはいつも不満に思っており、子どもに問題が起こるとクライエントのせいだと非難するのは許せない。自分は勝気なので夫にも頼らなくなり、夫とは経済的な問題だけで一緒にいるにすぎない。今趣味程度にピアノを教えていること

と、迷い込んできた犬が自分を慰めてくれている」

　数回面接後、筆者は長女に他の病院のセラピストを紹介し、長女は心理療法が進展することで少し落ち着き始める。それにつれてクライエントの話の内容も長女の話から徐々に自分の気持ちについても語るようになり、筆者の提案で夢を持参し、その話題で話すことが多くなった。しかし、長女は自分が心理療法場面で話したことを母親にこと細かに語っており、クライエントは出会ったことのない長女の男性セラピストの夢を見ることもあった。

　クライエントの日常は、娘への対応に戸惑いを感じながら、父親の介護や依存的な母親との軋轢など、すべてのことが思う通りにならず、苛立ちを覚える日々であった。そんなときクライエントは、自動車だけが自分の思うように動いてくれると、スポーツカータイプの愛車を買い求めている。その車が夢にも登場するが、それにクライエントはたくさんの荷物を積んでおり、「どうしてスポーツカーに不似合いな荷物をこんなに積むのか」と、自らの生き方を振り返っている。その後、父親の最期を看取ると、自由な時間が増えたことで、地域のボランティアに参加して中心的メンバーになって活躍するようになった。また、長女の心理療法の深まりに伴って長女が絵を描きはじめ、母親への攻撃は少なくなり、それから半年後には、長女は絵の勉強のため海外に旅立ってゆく。来院3年目、長男は大学の聴講生として勉強を始め、長女も留学生活で一応の落ち着きを取り戻し、クライエントの日常生活も安定し、来院当初の問題が一応解決したと考えられることと、筆者が2週に1度の時間がとれなくなったため一応の終了を提案したが、クライエントの希望で月1回の面接を継続することになった。

　その後、人間関係のトラブルが生じたことで熱心に参加していたボランティア活動から距離を置くようになり、在宅時間が増えていった。そのために、近所に住む母親との接触時間が多くなり、彼女は母親に対して煩わしさを感じ始めた。このような日常生活の変化に伴い、面接時間のほとんどを自分の母親の話で費やすようになった。彼女の母親は一人娘で両親から溺愛され、結婚後も母親の実家で過ごし、世間知らずの箱入り娘であった。クライ

エントの父親は厳格な人であったが、家の中では疎外され、母親は祖父母との結びつきが強く、そのために父親はいつも苛立っているように感じられた。特に母親にとって祖母が絶対的存在で、母親は自分の意思を持っておらず、いつも誰かに依存していた。祖母が亡くなってからは父親に甘えた生活となり、今はクライエントに依存しており、それが腹立たしいと、苛立ちを持って語られることが多くなった。

　当初は元気に母親の問題を語っていたのだが、徐々に怒りから恨みへ、そしてその母親の面倒を見なければならない自分をもてあまし、悲しみへと心が移り、音楽活動からもすっかり手を引いてしまった。その後「デパートに行っても舞台を見ているみたい」と、はげしい離人感を訴えることもあり、愛犬の老化と自分の老化が重なって感じられ「暗いトンネルに入ったような毎日」と語る長いうつ状態が続き、面接場面でも沈黙が増え、安定剤や睡眠誘導剤を服用することもあった。しかし「しんどいです」と毎回語りつつも「生きるためのすべての執着がなくなった」「スリムに生きたい」と、蔵書を整理したり、結婚以来箪笥の肥やしになっていたという、大量の衣服を整理し、友人に送ったり売り払ったりして「きもちがいい」とも語っていた。この間には実兄とのあっけない別れも体験し、さらに、最も身近な存在と語っていた愛犬の死にもあっている。

3. クライエントのイメージ体験

（【　】はクライエントの夢またはその要約）

　筆者がクライエントと出会い面接を始めて8年目、ようやくうつ症状から回復の兆しが感じられるようになって、彼女は次のような話を始めた。「『正法眼蔵』を読んでいる。道元を生き生きと感じられる。もともと道元にあこがれていた。意味は解っていないのだけど声を出してみると気持ちがいい。道元はずばりとものを言う人で、そこが気持ちいい」など、道元と関連した仏教の話がたびたび話題になる。そのころ筆者自身も『正法眼蔵』を読んだ

り、道元に関する著作をひも解くことが多くなった。あるいはテレビで「ポアンカレ予想」に挑み、敗れ去った人たちと解決後に失踪した数学者の話から、長男は数学が得意で優秀であったが、今は読書とパソコンだけの生活を送っており、「人間の値打ちって何でしょうね……」としみじみと語ることもあった。

　秋が深まった11月には夢の記録【赤ちゃんを抱いた外国人女性が紺のベンツで草むらに突っ込んで事故を起こしている。私はそこを通りかかり、二人を助け出していると、車の中に天道虫がいるから出してと彼女はいう。私はダッシュボードや座席にある天道虫グッズをたくさん見つけ持ち出している】を持参した。連想を聞くと、天道虫グッズを持っていると願いがかなうと言われていることや、実際娘は天道虫グッズをもっていたことについて話が弾んだ。また、草むらにつっこむのは赤ちゃんを抱いていたせいで、クライエントは夢の中の母親に苛立ちを覚えていたが、これは自分と娘の姿だと話し、娘も母親もそして夫も含め、自分の周りの人間は大人になっていないと語る。そこからの連想で、大人の男性として明治の男性、新渡戸稲造をあげ、彼について『武士道』を英語で書いていることに話が及ぶ。それはどこかクライエントの父親と重なっているように筆者には感じられた。

　12月には、来室するなりクライエントは「長男が亡くなったんです」と、脳梗塞で突然息子が亡くなったことを語った。「前日には『気分がいい』と今までになく穏やかな表情をして、『家族に恵まれた』とも言っていた。こんな時に笑って変なんですけど、喪失感より頼られていたなという達成感があって、大きな荷物を下ろした気がする」と笑っているとも取れる顔で話した。しかし、筆者は奇妙なほど動揺しほろほろと泣いてしまい、ほとんど言葉が出なくなった。

　年が明けて1月には「まいってます」と来室し、毎日長男が家にいるような錯覚を起こし、泣いてばかりいると話しながら夢の話になった。【列車に乗って、山の中の川に沿って上っていく。私は窓から顔を出して見ている。川じゅういっぱいにまず大きな涅槃像の足が見える。胴のあたりは途切れ

て、飾られた金色の船が両岸に四艘揚げてある。いよいよ仏陀の肩と顔が金色に輝いて美しく見えてくる。列車がカーブに差し掛かるところで、後ろの窓から顔を出すと、池の中から長男の顔が見える】というものであった。連想を聞いてみると「これは長男だと思う。仏さんになってる」〈お見送りができた……〉「そう長男も大柄でかっこよかったんです」と写真を出してこられ筆者に見せ、しばらく息子の生前の姿について話し合った。しかし、「長男を思い出させるような生々しいものは見たくない。長男は小説もたくさん書いていたけれど、彼のプライバシーを覗き込むみたいで嫌なので、破棄しようと思う。今外出はできるけれど、それが終わってしまうと落ち込み、ボロボロになって日常をこなしている。私が長男を見送って、長男に後を託されたような気もするけれど、私が先に死んでも案外長男は平気だったのだろうかと考え、今、頭と心は離れてしまっている。頭では自分が最後まで支えたと思っているけど、思い上がっているのかもしれない」などと話した。そして、「こんな複雑な思いを主人とは共感できないのがつらい」あるいは、「長男の友人から息子が『やっと父親とわかり合えるようになった』と言ってたのを聞いたけれど、主人は何をわかってあげられたのか。主人がお線香をあげていると、なぜもっと生きている間にしてやらなかったのかと思う」と腹立たしげに、また「子どもが小さい時から主人はほとんど接触してくれなかった。息子は山が好きで私は一人でよく連れてやったり、父親にしてほしい役割も自分が担っていたと思うのに、主人が私と同じように、悲しげなふりをされると腹が立つ」など、夫への攻撃的な思いを語った。また「電話が鳴るたびに『ぼく』と息子の声が聞こえたり、メールで『サン゠テグジュペリの本』と書いてあって、長男から来たとしか思えなかったり、変なことばかり起こっている」と多弁に話した。

　2月には長谷川等伯の画集を持って来室。「松林図」を開き「長谷川等伯が自分の息子が26歳で亡くなった後に描いた絵で、等伯の息子は狩野派の画風を学んで力をつけすぎて殺されたのではないかと言われている」と話した。【その松林の中に私が迷い込んでいる】夢や、長女がクライエントの夢

を見た話、あるいは「かつては自分の家の前に松林が広がっており、長男と一緒に歩いた」と長男のことを懐かしそうに語る。また、「長男が亡くなる前日、画家の友人が個展を開いていたので見にゆくと、大きな蓮の絵があり、とても感動していた。松林図と、蓮と、長男と長女の夢と、いろんなことがつながり、三人の魂がつながっていくのを感じた」と激しく涙する。「いま、一瞬を永遠に感じる。生きてる限り別れを繰り返すんですね」としみじみと語り続けた。その後、10歳の時に、双子の弟が突然の事故で亡くなった時の様子に話が及ぶ。「あの時人が死ぬのを初めて知って、怖くてだれも死なないうちに早く死にたいと毎日思っていた。その思いを癒してくれたのは『リトル・トリー』というアメリカ先住民の本で、太陽が昇ってくると世界が生き返る話だった。今は星野道夫の写真と言葉を見て暮らしている」と自然と人間の関係などについて話し合う。

　3月には「長男の心の内を探るみたいで嫌だから、息子がパソコンに入れていたいろいろなデータをすべて消去した」と語り、その日に【旧友に出会い再会を喜ぶ。『ここに来ればいつでも出会えるのやね。また来るね』といっている】夢を報告している。夢の連想から、「パソコンを覗かなくても息子とはいつでも話すことができる気がする。今まで長男について主人としゃべったことがないのに、パソコンを空にするために、初めて二人で、パソコンの前で一緒に座って作業をした」と苦笑する。また「たまたま開いた本の中に長男のメモが出てきた。それは『故郷に友人を見送る』という内容で、『別れは暗いものでなく光に満ちている』という意味で……」と号泣する。筆者ももらい泣きをしながら〈それだけはお母さんに残したかったのでは……、別れてこそ息子さんの本当の姿と出会えるのかもしれない……〉と話し、涙を見せ息子への熱い思いを表現するクライエントに、筆者は今までとは違った人間的あたたかさを感じていた。

　4月に入ると【長女が『久し振りで4人（息子たちと娘と私）で枕を並べてお座敷で寝ましょう』と誘ったり、料理をして『私が作ったのを食べてみて』と誘い『お兄ちゃんにもあげて』という。少年のままの息子はテーブルで食べ

ながら立ち上がり『行くわ』と言い、私も『もう行くのか』と心の中で思う】
夢を報告した。そして、クライエントは「家族のイメージがわく、長男は私
がいつまでも面倒を見ていくもので、まさか先立たれるとは思わなかった」
と涙ぐんだ。その後、いつも一緒に遊んでいた弟が、突然10歳で亡くなっ
た時の思いを再び語り始めた。「あの時から“死”を考え始めて、人はいつ死
ぬかもしれないと怖くなった。父親に『死ぬってどういうこと』と聞いてみ
たら、父も『お父さんも怖いよ』と言ってくれて、その時は少しほっとした
けれども、何日も眠れず、それ以来、無常感を抱えて生きていた」など、幼
いころから現実生活に疎外感を覚え、死の恐怖を感じていたことについて静
かに語り始めた。そして、最近になって弟のお墓にお参りをしたことを語り、
「生への執着はとっくになくなったと思っていたけれど、やっぱり死ぬのは
怖いですね……」と、また涙しつつ、長男の納骨など一連の弔いの儀礼を終
えたことを話している。その数ヵ月後、クライエントは【夢の中でうたた寝
をしていると、廊下で長男が何か言っている。『ああ長男が居るんだ……』
と、なんともいえない安心感に満たされる】夢を報告してくれた。

第3節　境界なき世界から境界領域へ

1. 一体化した母娘

　前節ではクライエントの夢の内容について見てきたが、ここでは夢の意味
について考えてみたい。

　クライエントは来室当初、知的で饒舌に事の成り行きを語り、筆者の方か
ら質問する必要がなく、語りながら内省する完璧な母であり、同時に娘の問
題で相談に訪れた物分かりの良い優秀なクライエントであると筆者には感じ
られた。そのため治療者は娘への対応について少しアドバイスをする以外、
彼女の内面に立ち入ることは許されないように思われた。そこでまずは娘に

心理療法が必要と考え、娘に適切な治療者を紹介し、それによって、娘の日常的な問題が徐々に落ち着き始めた。そうなると、クライエントは自分の気持ちに触れるようになるが、娘の心理療法場面について語ることも多くなり、語られる思いがクライエント自身のものか、娘の思いなのかが判明しない場合もあった。さらに、娘の治療者である男性に自分が心理療法を受けている夢まで見るようになった。これはクライエントが娘と強く結びつき、一体化した状態であることを物語り、ギリシャ神話のデーメテールとペルセポネーの関係を思い出させる。神話学者ケレーニー (Kerényi, K.) は「両女神は一方の半分が他方の半分と過不足なく補い根源づける一心同体の二重象」として捉え、母娘がいまだ母性的な無意識の中で結ばれた関係であることを表している (Kerényi, 1951/2007)。ノイマン (Neumann, E.) は、女性の心的発達の原初状態は「ウロボロス」によって象徴されるとし、女性はウロボロスの圏内にとどまりつつ自我を発達させ、その最初の段階を、女性的なものにおける「自己保存の段階」と名づけ、この段階は長く続くことがあるとしている (Neumann, 1953/1980)。来室当初、クライエントはこの段階を生きており、自分がハンドルを握り、本来なら自由に乗り回すことができるスポーツカータイプの愛車に大量の荷物を積んでいる夢は、家族を背負ったクライエントの姿を象徴している。この段階の否定的な側面として、ノイマンは男性への敵意や、子どもへの強い関心が現れると述べているが、クライエントも子育てに向けた強いエネルギーと、夫に対して「許せない」と嫌悪感をしばしば口にしつつ、夫との関係改善を図ろうとするのではなく、夫の役割も自らが背負い込み、家族を抱え込んでいたと言える。

　このように考えると、クライエントは、その心の在り方として、外界とは一線を引き、子どもとの間には境界がない世界に生きていると言える。しかし、長男が事故に遭うことで心を病み、娘も食を拒み始めたことで、クライエントは精神科を受診し心理療法を受け始め、その中で自らの心を育てていった。その間、クライエントが地域活動に参加し始めたことや、娘と息子がそれぞれに一応の人生の目標を模索し始めたことによって、家族と自分、

78 第Ⅰ部 心理臨床実践における「私」の体験

自分と社会との関係を見出して、境界領域への第一歩を歩み始めたと考えることができる。

その後、夫を亡くした母親との接触が密になり、面接場面では母親の問題でその時間の多くを費やすことになる。クライエントの母親は祖母と一体化していたため父親が孤立していたが、その分彼女は父親との結びつきが強く、父親を新渡戸稲造と同一視するなど尊敬の念をいだいている。クライエントにとって新渡戸稲造は自らの男性性の理想像といえるだろう。しかし、面接場面において彼女は父親への思いについて多くは語らず、繰り返し母親の在り方を非難しつつ、そういう自分をまた認めることができず、怒りから悲しみへと気持ちを落ち込ませていった。それは自分の母親と祖母が一体状態の中で、娘として愛されなかった彼女自身の恨みの気持ちと向き合うことであり、「しんどいです」と表現する以外、ほとんど言語化できない深い悲しみに浸っていたと考えられ、面接場面でも沈黙時間が増加した。河合は、「心理療法の場面が、リミナリティに近接するに従って、『沈黙』が増加してくるであろう」（河合, 1989）としており、この沈黙の増加は境界へ接近するための必要な時間であったかもしれない。そして、名家の娘としての体にからみつき、もつれた古い糸をほぐすように、自分の衣服や家の中に積みあがった書籍や家財をもくもくと片付けるクライエントの姿は、内的には名家にしばり付けられた在り方から、自らを解きほどき切り離す作業であったと考えられる。

2.境界的イメージの体験

面接に通い始めて8年目、うつ症状から徐々に回復し始めて、クライエントは道元の『正法眼蔵』についてしばしば語るようになる。岩田（1989）は『正法眼蔵』を読むことをチクセントミハイ（Csikszentmihalyi, M.）がいう「フロー経験」（Csikszentmihalyi, 1975/2000）と非常に近いと述べ、『正法眼蔵』九十五巻のすべてが、心身や人間と自然の「境界」をめぐる問題で展開していると主

張して、「自証三昧」（道元／西嶋, 1976）や「全機」（道元／西嶋, 1978）を取り上げている。たとえば、「全機」の冒頭「諸仏の大道、その究尽するところ、透脱なり、現成なり」を取り上げ次のように解説している。少し長くなるがそのまま引用すると「土の中を、褐色のいかつい殻をかぶって動きまわっていた蝉の幼虫が、土からぬけ出して樹幹にとりつき、枝にとまって脱皮する。殻の背に割れ目が入っただけで、未だ脱皮し終わってはいないし、透明な翅をひろげてもいない。（中略）それが蝉になり、声になり、心地よい空気の振動となって空の青の中に融けこんでいく状景が予感されるのである。予感という知のなかに蝉の全体が、蝉宇宙が現成しているように思うのである。蝉が蝉のかたちを透脱し、現成する。（中略）そのためには、土壌も、泥も、草木の根も、木も、梢も、風も、雲も、すべてが不可欠なのである。それらのすべてが蝉の現成を助けなければならないのである」と述べている。そして、『正法眼蔵』を読むのは「難解な字句にこだわらず、自分の内なる秘密を点検することである」と主張している。クライエントも「難しいので意味はわからない」としながらも「読むと気持ちがいい」と語り、境界領域において自らの心を遊ばせ、道元の世界を通して自分の内なる秘密を探る作業をし始めたと考えられる。

　11月の夢に現れた紺のベンツはどこか気品や知性を感じさせ、それに乗った母親は、赤ん坊と一体化しておりクライエントに自らの母親としての姿を気づかせてくれる。しかし、外国人であることは彼女の自我からはまだ遠い存在かもしれない。その母親が英語でLadybirdといわれる天道虫を探し、天道虫グッズを見つけだす。これは面接場面で語る新渡戸稲造やポアンカレー予想を解明した数学者のイメージに比べると柔らかく、グッズであるが無意識的世界では女性性を育てていたといえる。しかも、天道虫の漢字は「天」への「道」であり境界イメージが強く、この夢はクライエントが境界領域を漂っていることを表しているのではないだろうか。

　次の月には突然長男を失ったことを語るのだが、クライエントの様子からは悲しみや苦悩といった感情的なものが全く伝わってこなかった。しかし、

80 　第Ⅰ部　心理臨床実践における「私」の体験

治療者である筆者は動揺し涙を流してしまう。これは、クライエントが長男を大切に思い、彼の病を受け入れること、まして死を認めるなどとてもできないため、長男の死という事実を「達成感」や「荷物をおろした」としか表現できなかったと言える。しかし、治療者の方は、クライエントが言葉にできない情緒的思いを長い面接期間を通じて感覚的に理解しており、そのクライエントの深い悲しみの中に治療者が居合わせたことを示している。いわば、このときクライエントが現実的で賢明な母親を生きているのに対して、治療者はクライエントの感情の部分を生きており、二人の内的関係はあいまいになり境界を超えている。その面接から数日後、クライエントは川を流れる涅槃像の夢を見る。それは大地につながる足から現れ、胴のあたりは途切れて、金色に輝いた肩から上の像である。胴が大地に根付く足から切れ消えているのは、幼少期から裕福な家庭で何不自由なく暮らしてきたクライエントの"身体"の在り方を表し、金色に輝く美しい顔からは聡明な知性や豊かな暮らしを想像できる。あるいは、長男のパソコン内のデータや遺品を拒否するクライエントの様子も考え合わせると、息子の生々しい身体性を拒否していたともとれる。しかし、もともと煩悩の火を燃やしつくして、知恵が完成し、静かな悟りの境地を表現する涅槃像はクライエントにあの世の息子を連想させるが、このことは、列車の窓から見えてくる涅槃像や飾られた金色の船、その後に池の中から浮かび上がる息子の顔が、赤坂（2002）のいう「死後の確かな実在」を母親であるクライエントに感得させたことを物語る。つまり、涅槃像になった長男と夢の世界で出会うことで、彼女は息子と深く結ばれ、結ばれることで現実の別れを、心におさめることができるようになったと考えることができる。言い換えれば、クライエントは夢によって境界を超え、彼女の心の奥で、境界の持つ両側面、「つなぐ作用と切る作用」が豊かに作用したのである。

3.生死の境界を体験する

　その後、クライエントの無意識は長谷川等伯の水墨画「松林図」の中に迷い込む。宮島（2003）は「現代における松林図」として現代アーティストの「松林図」についての評価を挙げている。例えば池田満寿夫は「俗の部分を完全に拒絶する《気》のようなものが松林図を覆っていた」、横尾忠則は「霊気が漂っている」と評しており、現代人にとっても松林図はこの世ならぬ世界を思い描かせる。そこにクライエントが迷い込んだことは、彼女は内的には俗の部分を否定し、霊気漂う世界、恐らく限りなく彼岸に近づいたと想像できる。「松林図」がどのような時に描かれたかは定かではないが、等伯が豪華な障壁画や仏画の世界で高い評価を受けていたにもかかわらず、水墨画を描き始めたのは、等伯の心に大きな変化があったことは間違いない。クライエントはその等伯に「息子の死」という点で自らを重ね合わせることで、長男と娘と自分の魂のつながりを実感し、同時に「別れ」を心におさめ、幼いころの弟との壮絶な別れについて語ることができたのではないだろうか。しかもそのときクライエントを癒したのは身近な人々ではなく、太陽が昇ると世界が生き返ると信じるアメリカ先住民の暮らしを記した『リトル・トリー』（Carter, 1976/2001）である。そこには「自然界のおきて」や「からだの心と霊の心」あるいは「いいものを見つけたときは、出会った人に分けてあげること」など、自然との一体感や、人々の心の分かち合いについて記されている。そして、クライエントの語りには星野道夫の写真集（星野，2005-2006）に登場する圧倒的な自然、アラスカやオーロラ、四季の変化をにじませる風景、かつては日本の海岸のどこにでも存在したが、今は失われてしまった松林、吸い込まれてしまいそうな長谷川等伯の「松林図」、それらが通奏低音のように鳴り響いている。そしてそれらはまた、道元の『正法眼蔵』の世界そのものである。こういった世界にクライエントがどっぷりと浸ることができた時、彼女の無意識は目覚め大きく動き、家族のイメージが生まれ、現実に夫との関係が改善されていく。

82　第I部　心理臨床実践における「私」の体験

　家族のイメージについては、次の三つの夢によってもうかがい知ることができる。つまり、一つ目の夢では「旧友と再会し、いつでも出会える場を確信し」、二つ目では、「家族で一緒に眠った後、少年の息子が出かけることで、出立を体験し」、最後に「息子がいることで、安心感に満たされている」。これらはいずれも現実には体験することがなかった、温かな家族の場のイメージであり、あの世における家族の存在を確信させるものとも言える。そしてこれは点や線で表現される「治療者・クライエント関係」とか「絆」とか、あるいは単に「クライエントへの共感」といったものではなく、かつてはもともとあった母なる大地と表現される自然や、空気や光、そして静寂という音を含む空間的世界のイメージ、つまり境界イメージに、クライエントが身をゆだね融けこむことによって、心理療法として機能したと考えることができる。

第4節　境界イメージの重要性

　ここまでクライエントの語りや夢に表現された境界イメージについて、それが面接場面でどのように表現され、どのような意味をもったかについて考察してきた。しかし、かつてはこの「境界イメージ」の世界が、現実に日常的あるいは儀礼や祭事として相当存在していたにちがいない。しかし、21世紀の私たちの時代になって、これは意識的努力なしにはほとんど実現できなくなってしまったと考えられる。つまり、河合（1998）の言うように、心の問題が「自然の側からの反撥、あるいは挑戦」とすれば、それに対する一つのこたえとして、心理療法過程ではこのクライエントが体験したような「境界イメージ」が浮上してくる。

　ところで、現実的出来事としてクライエントは父親、兄、そして長男と、最も身近な肉親を亡くし、さらに、最も癒されると語っていた愛犬も失っている。そしてそれらを語りつくし、夢に現れたようなイメージ体験をし、死

第3章　イメージの境界性　83

後の存在を確信することで、幼少期の壮絶な体験である双子の「弟の死」に
ついて語ることができた。これらのことは心理療法の一つの在り方として、
次のように言えるのではないだろうか。

　たくさんの肉親の死に出あったクライエントの面接過程が"生と死"を
テーマとしていたことは明らかであるが、クライエントは直接的に「死」の
問題に深く触れることはなかった。むしろ、娘との関係が主訴であり、その
後母親との関係、そして、突然病に倒れた長男を失うことによって、長男に
ついて語り始め、その中で長谷川等伯の「松林図」や『正法眼蔵』に代表され
る「圧倒的な自然」、「大いなる世界」を体験し、死後の世界を確信する。そ
れによって、クライエントは「死の恐怖」や身近な人々の「死」を心におさめ
ていったと考えられる。このように生死と関わるテーマを抱えたクライエン
トの心理療法としては、そこで語られる出来事を直接扱うことが必ずしも必
要ではなく、意識と無意識、自と他、心と体、生と死といった境界と関連し
たイメージを深めることが重要である。言い替えれば、心理療法の場で、ク
ライエントと治療者が圧倒的自然や大いなる世界、つまり「境界的世界」を
イメージとして存分に体験することは、深い癒しの体験になるといえる。

第4章
境界イメージとしての「母性的風土」

第1節　「グラウンド」と「グラウンドゼロ」

　第3章で論じた自と他、生と死の間に存在する境界は、現実生活において、目で見たり体に触れたりして実際に体験することは大変難しくなった。ほんの70〜80年ほど前まで、今日ほど移動手段が便利ではなく、人々がほとんど自力で移動していた時代には、自らの体を動かすことで動植物を含めた他者に出会うことができ、大地に生きるものとして、自と他の境界を実感することができた。生死の境界も、かつては幼い子どもから老人までが身近に存在し、老いの連続線上に死があり、生死の境界を感じることができ、埋葬という儀礼によって地上と地下の世界として実感することができた。ところが、今日の情報化社会では、地球の向こう側の人にさえ、瞬時につながることができたり、人工的に延命が可能であったりするため、時間や空間が適切な距離感として感じられなくなってしまった。

　そして、このような境界を実感することの難しさが、今世紀になってからはさまざまな問題として浮かび上がってきたように思われる。たとえば、2001年9月11日、ニューヨークの世界貿易センタービルが、テロリストに乗っ取られた飛行機に追突され突然崩壊し、その跡地にできた一帯を「グラウンドゼロ」という言葉で表現されたことが思い出される。この言葉はもと

もと、第2次世界大戦の末期、広島に原爆が投下された後、爆心地が焼け野原になり、そこを「グラウンドゼロ」と呼んだことから使われるようになったとも聞くが、ニューヨークの知人によると、当時のニューヨーク市長・ジュリアーニ氏が言い始めたもので、「ここで起こったこと」という意味が込められており、ゼロは「あの日」という意味ではないかという。いずれにしても、その言葉には何か悲しい響きがあり、幸せな日常からどん底へ突き落とされる体験を想い起こさせる何かがあると感じられた。広島でも、マンハッタンの摩天楼でも、ごく普通の人々がごく普通の生活を営んでいるときに、人間が作り出した巨大な怪物によって、大勢の人々が突然に犠牲になった場という意味であろう。しかし、もともと「グラウンド」は、生き物を育む大地であり、拠点であり、基礎という意味も含んだ心地よいイメージの言葉である。その命を育むグラウンドが、突然「ゼロ」になり、すべてのつながりが切れてしまったことを物語る。つまり「グラウンド」と「グラウンドゼロ」の間には、鋭い刃物で切断された断絶が横たわり、むき出しの悲しみや怒り、無念さと憎しみだけが残ってしまい、そこには育まれるべき何物も残りはしない。その後も、収まることのないテロ、貧困や格差、原発を含めた核の脅威など国内外での深刻な問題ばかりでなく、イギリスのEUからの離脱やアメリカ大統領選挙における国民の選択に代表される、ある種の自国主義的な民主主義とは逆の動きが起こっている。このことは人々の心が揺らぎ、ニューヨークに「グラウンドゼロ」が出現した時と同様の大きな心の変革期が迫っていることを示している。それは無機質な超高層ビルに象徴される今日の生活が、人々の踏みしめるべき大地と切り離されてしまったためではないのか。そのために、人々は息苦しさを感じながらも何ら解決策を見い出せないまま、多くの不幸を生み出していると思われてならない。

　だが一方で、自然は近年の異常気象による洪水や土砂崩れ、さらに巨大な地震や想像を絶する津波となって町が崩壊する、とてつもなく大きな破壊力も持っている。このことは2011年3月11日の巨大地震とモンスターのような津波を体験し、未曽有の犠牲者が出たことで日本人の記憶に新しい。いや

86 第I部 心理臨床実践における「私」の体験

何も、地震や津波が起こらなくとも、そのまま自然であれば人々が幸せというわけではない。柳田国男は『山の人生』（柳田，1926/1989）の中で、聞き書きとして、自分の書こうとすることと直接関係がないとしながら、自然の中で生きる父子の悲惨な子殺しの話や、親子心中の話について触れている。そして「我々が空想で描いてみる世界よりも、はるかにもの深い」として、明治、大正時代の自然と共に生きる人々の生活の厳しさを描いている。これから考えれば、科学技術や経済の発展は、今日の人々に多くの恩恵を生み出していることも間違いない。そこには大勢の先人たちの努力があり、犠牲があったことも忘れてはならない。とすれば、私たちには母なる大地を育むと同時に巨大な破壊力をもつ自然と、溢れるほどの文明の力の間により良い関係、つまり豊かな境界を築いていくことが大切ではないのだろうか。このような境界的世界こそ筆者は「母性的風土」と名付けたい。今日の毎日の生活ではこの境界を実感できなくなったとすれば、イメージとして、どれほど豊かに体験することができるかを考えていくことが重要ではないだろうか。

　このような大地である「グラウンド」と「グラウンドゼロ」とが抱えるテーマは、私たちが心理療法を行う際にも、しばしば出会うものである。筆者は『母親の物語』（友久，2002）の中で、食の悩みを抱えた何人かのクライエントの母親との面接を通して、母親面接は娘が演じる物語のナレーションであり、母親が自らの人生を語ることで娘の物語を完成させることを考察した。その時、母親らが語ったことは、彼女らが娘の中に育てようとしたものが、大地で育てられる身体やきめ細やかな心ではなく、自分たちに与えられなかった知的能力や経済的な豊かさであったということだ。その為に娘は大地に根付くことなく、十分に心を満たすことができず、もがき苦しんだ末崩れ落ちるという一連のストーリーであった。つまり、母娘の間には深い断絶が横たわっていた。しかし、母親たちは深い愛情を娘に向けていないわけではなかった。むしろ大きなエネルギーをかけて子育てをしていたことは間違いない。ただ、それが大地と切り離されたものであったことで、娘たちは食の病を抱えざるを得なかったと考えられる。そして、それはちょうど「グラウ

第4章　境界イメージとしての「母性的風土」　87

ンドゼロ」の響きと同一のものと感じられた。

第2節　摂食障害の娘を持つトヨさんの語り

　そこで、ここでは食の病を抱えたクライエントの母親である、一人の女性に登場してもらい、彼女の人生を通して、豊かな境界イメージとしての「母性的風土」について考えてみたい。そして、この困難な時代を生きぬくために、私たちに何ができるのか、子どもを育てるとは、いったいどういう事なのかについても言及できればと考える。そこで、筆者が多くの食の悩みを抱えた女性たちの母親と出会う中で、共通したイメージとして生まれてきた母親像「トヨさん」に登場してもらおうと思う。

1. トヨさんの娘時代と「妻」「嫁」「母」であること

　トヨさんは静かな山村で、4人兄姉の末っ子として生まれた。家は古い農家で、かつては庄屋をつとめた豊かな家庭であったが、第2次大戦後、父親は役場で働くようになり、田んぼや畑は祖父母と母親が維持していた。戦中、戦後という苦しい時代ではあったが、幼いころは豊かな自然の中で暮らし、敗戦後の食糧難のころも、田や畑を持つトヨさんの家はそれほど苦労もなく、兄や姉と共によく遊んだが、田舎の名家としては勤勉な良い子であることが求められた。もともと「トヨ」という名前は、作物が豊かに実るように、働き者に育つようにと願って、祖父母がつけた名であり、トヨさん自身はあまり好きになれなかったという。

　思春期まですくすくと育ったトヨさんに、転機が訪れたのは高校二年の時、祖父母と父親が相次いで亡くなり、急激に家計が苦しくなった時であった。大学や短大へ進み、都会へ出ていった姉兄と同じように、都会への夢を抱いていた彼女は、短大への進学も都会暮らしの夢もあきらめなければなら

なかった。そして、高校卒業と同時に、母を助けて働くようになり、洋裁を習って自立する計画を立て、精一杯の努力をして暮らしていた。そんなある日、母親がにこにこした顔で現れ、トヨさんに見合いをするように言って聞かせた。もともと無口で努力家、親からは従順な女の子と見られていたトヨさんは、その話を断るわけにもいかず、母親の勢いに押されて結婚してしまったという。

　婚家は都市近郊の旧家で、夫になった人は有名大学を卒業後、日本の工業化による高度成長期を支えた、一流企業のエリート社員であった。トヨさんの母親から見れば、玉の輿に乗るようなもの、断わる理由など何も無い良縁であった。ただ婚家には、舅姑に加え、弟、妹も同居しており、嫁として彼らに仕え、奉仕することが求められていた。それでも元来働き者で、人のいいトヨさんは、一生懸命良い嫁として働き、結婚後間もなく子どもを身ごもるが、出産間近になって死産してしまう。色白のきれいな女の子だったと聞かされる。その後、順調に一男一女を出産し、失った子どもの分もと愛情を注ぎ、一生懸命育ててきた。しかし、結婚当初から、夫は親の言いなりで頼りなく、トヨさんが子育ての苦労を話しても全く無関心で、毎日夜遅くまで仕事をして帰らず、夫婦として楽しい日は一日も無かったと振り返った。しかも、舅は鉄工所を営んでおり、高度成長期の波に乗って、会社もどんどん大きく成長していったが、舅が病気で休んでいる間に、乗っ取られるかたちで引退し、一日中家で過ごすようになった。舅姑は、トヨさんの家事や育児の仕方についてまで、こまごまと指図し、トヨさんは見張られているような毎日だったという。その上、舅姑は長男を溺愛し、トヨさんは母親でありながらお手伝いさんのようで、自分の思うようには触れさせてもらえなかったという。その育て方は貧しい時代の慎ましやかなもので、食事も子どもの好むものを与えられず、外で恥ずかしい思いをしたのではないかと、トヨさんは息子に申し訳なく思っていた。また、日々の生活では、トヨさんの買物からの帰りが少し遅くなると「遊んでいるのではないか」と疑われ、子ども達の授業参観も「遊びにすぎない」と参加させてもらえなかった。そういった

舅の仕打ちを、トヨさんは自分が田舎育ちで、両親が年老いてから生まれたため、かわいがってはもらったが、十分しつけられていなかったせいかもしれないと考えていた。そんな苦しいときに親兄弟にでも話すことができていたらまだ楽だったのだろうが、親兄弟は、婚家で可愛がられていると思っているのに、今更「苦しい」とは言い出せず、じっと耐えて暮らしていた。

それでも数年後に、クライエントである娘を出産し、「この子だけは」と心に決めて、大切に、しかし、誰からも後ろ指をさされることが無い、良い子に育てたいと、しっかりとしつけをして育ててきた。娘もそれに良く応えて、母親思いの勤勉な良い子に育ち、大学生になるまで、全く反抗することなく、トヨさんは娘の成長に誇りと喜びを感じて、自分の子育てを良しと信じて疑わなかった。

娘は、大学1回生の夏休みになって、アルバイトをはじめ、トヨさんもほっと一息ついたころだった。娘は急に食欲がなくなり、トヨさんの作った食べ物は全く口にしなくなった。そして、みるみるうちに痩せ衰え、トヨさんがそのことを注意したり、食事を摂るように声をかけると急に怒り出すようになった。今まで経験したことがない娘の反抗にトヨさんは驚いてしまった。すでに舅姑は数年前に見送っていたが、ちょうどそのころ、夫が原因不明の発熱を訴えて仕事をやめ、一日中家の中で子どものように甘え、トヨさんは娘のことが気になりながら何もかまってやることができず、娘の反抗にオロオロするばかりであったという。

2. 摂食障害を抱えた娘の語りとトヨさんの思い

娘はそのころ、大学の学生相談室を訪ね、心理療法を受けるようになった。彼女の体は痩せ衰え、髪を振り乱し、ぽろぽろと涙を流し、とても十代後半の最も美しい年代の女性と見ることはできなかった。彼女はアルバイト先の男性に「太っている」とからかわれたのが気になり、急にダイエットを始めてみると、止められなくなり、どんどん痩せていった。しかし、数ヵ月する

90　第Ⅰ部　心理臨床実践における「私」の体験

と急に食べたくなりどんどん食べ続けるが、一方では、太るのがこわくなり、無理やり吐いたり、下剤を飲んだりしているうちに、だんだん気分が落ち込んできて、一人になると涙がぽろぽろ流れ、自分ではどうしていいのかわからなくなっていた。元来生真面目な娘は、授業には何とか出席していたが母親の顔を見ると、無性に腹が立ってきて、時には「嫌い」とか「死ね」などと口走ってしまう。本当は母親が好きで、母親に世話になってきたし、もっともっと甘えたいのに、母親を困らせてしまう、申し訳ないと思い、どんどん落ち込んでいくという状態であった。

　そして、娘の面接を始めて1年ほどたって、娘が母親に自分のこのような状態について説明してほしいと希望し、トヨさんが相談室に通うようになった。トヨさんにとっては、娘が成長し子育ては終わり、舅姑も亡くなり、ようやく自分の自由な時間を持つことができ、昔習っていた洋裁をはじめたり、友人の誘いがあれば出かけ、すっかり羽根を伸ばしたときの娘の突然の反抗であった。トヨさんから見ると、あんなにまじめなよい子が突然反抗しだし、わけがわからず、ついつい諭してしまい、娘の攻撃はますますエスカレートしていった。相談室に通うようになってから、面接室でトヨさんは自分の生い立ちや、嫁いでからの苦労話を繰り返し語り、面接を重ねて5回目には、娘が高校時代に、ボーイフレンドと付き合うことを自分が禁止したのは、間違っていたのではないかなど、自分の育て方に疑いを感じ始めた。トヨさんの時代は男性と付き合うことは、結婚することを意味し、そのボーイフレンドは娘にとっていい相手ではないと考えて、男性との付き合いに反対していたと語った。

3.トヨさんのイメージ表現

（「　」内はトヨさん、〈　〉内は治療者の語りやその要約、【　】内はトヨさんの夢やその要約）

　そんな話を語っていた同じころ、トヨさんは【ドーと泥みたいなものが押

第4章　境界イメージとしての「母性的風土」　91

し寄せてくる】夢や、【プールに泳ぎに行ったけれども、冷たくて入れない
ため、海に泳ぎに行く】夢、あるいは【小川がちょろちょろ流れ始めた】夢
を報告した。その次の週には、娘が「妊娠した夢」について話した日に、【娘
の病気が治る】夢を見たと話した。連想を聞いてみるが「病気が治れば嬉し
い」という以外には連想はあまり広がらない。ただそのころになると、幼少
期の自然に囲まれた生活を懐かしんだり、自分の生き方を問い直したり、夫
との関係についても語るようになった。たとえば、「昔は兄弟みんなで山や
川で遊んだり、畑仕事を手伝ったりしたこと」、「結婚してからは夫に対して
愛情を感じたことはなく、むしろ憎しみさえ感じて接していたように思う。
それが娘に悪い影響を与えたのではないか」あるいは、「婚家は複雑な家族
関係のため、都合の悪いことは内緒にするように、娘に要求することが多
かったのも、良くなかったかもしれない」と振り返っている。

　しかし、娘の状態はますます悪化し、大声で泣き出したり、トヨさんを突
き飛ばしたり、トヨさんの手作りの洋服を切り刻んだり、過食嘔吐も激しく
なっていた。それに対してトヨさんは、「世間体が悪い」「もったいない」「自
分のことは自分で」と繰り返し返答し、娘を追い詰めてしまった。そして面
接室では「私は娘の心を汲み取ろうとするゆとりがなかった。自分では優し
いつもりだったのに、どこかきついことがあった。親にも甘えて生きたこと
がないし、私にはわからないけれども娘は甘えたいんでしょうね」と話し、
頭の中では娘の要求を理解しながら、どこか実感が湧かない様子であり、娘
に「わかってもらえない」という気持ちを強くさせた。またある時は、「娘と
けんかをしてしまった」と来室し、「就職したくないので勉強しない」と主張
する娘に対して、トヨさんは「問題集を買ってくること、一問ずつでも覚え
ること」など、こと細かに指図したことを話した。あるいは、食事の仕方に
ついて、箸の上げ下ろし、バランスよく食べることなどについても教えたが、
娘はいらいらして怒ってしまったとも語った。そして、「絶対よくなるに決
まっているのに、太るぐらいにどうして不安がるのか」と、娘の行動がどう
しても理解できないと訴えた。

92 　第Ⅰ部　心理臨床実践における「私」の体験

　それから夏休みを挟んで2ヵ月後、11回目に来室したとき、久しぶりに夢を見ましたと、次の夢を報告した。【私の育った田舎で、息子をつれて山を登っている。その下には川があって、たくさんの魚が気持ちよさそうにスーイスーイと泳いでいる。その中にエイのような大きな平べったい魚がいて、傷ついて血を流している。白いおなかを見せて、のたうち回っているので、かわいそうと思う】これについて、トヨさんは「息子と私は気が合うのか、あまり苦労したことがない。娘は父親に似て、まじめだけれど弱くて、甘えたがっていると思う。でもいったん羽根を伸ばしかけたのに、今さら家族の甘えを私が引き受けるのはつらい」などと話した。「魚はみんな気持ちよさそうに泳いでいるのに、一匹だけ苦しんでいるのはかわいそう」と言うので、筆者は〈何とか傷を癒してあげられるといいですね〉と応えた。その後、娘は少し静かになったかと思うと、急に攻撃的になったり、特にトヨさんに対して、脂っこいもの、カロリーの高いものを強引に食べさせようとしたり、トヨさんの持ち物を壊したりするときもあれば、甘えてトヨさんの布団に入ってくることもあった。また、娘が「就職も結婚もできない人間だからいっそ死んでしまいたい」と語ることがしばしばあったが、トヨさんは「まさか、そんなことぐらいで」と、あまり心を動かされないとも話していた。それでも、このころになると、娘の甘えを受け入れるようになり、一緒に寝ることにも抵抗なく同意するようになった。

　そして、トヨさんが面接室に通い始めてちょうど1年たって、結局最終回になった日に、また、夢を報告した。【人間の体をしているのに悪魔みたいな男がやってきて、あっという間に家を焼き尽くしてしまう。私はその人をつかんで倒し、馬乗りになって怒っている】この夢を語った後、「妙な夢でした、そんなことしたこともないのに」といいながら、自然に夢のイメージを話し出した。「私は舅を憎んでいた。人を憎んでいたからはじめの子どもは流産したと思う。でも心を入れ替えて、じっと耐えてきたから、息子に恵まれ、娘にも恵まれた。でも舅が寝たきりになったら、また憎しみが湧いたし、助けてくれない夫のことも憎んでいた。自分はなんと強い人間かと思う。

自分にとって男は弱いもの、頼れないもの、というイメージ」と話した。そして、この日も深々と頭を下げ、静かに礼を言って退室した。

　その後、トヨさんが筆者の前に姿を現すことはなかったが、クライエントである娘は、その後も来室し面接は継続された。それによると、トヨさんは友人や娘とも旅行に出かけるようになり、人に頼まれて洋服の仕立をしたり、娘に自分がデザインした洋服をプレゼントするようなこともあった。そして娘は大学を卒業し、過食の症状も少しずつ治まり、数年後には優しい男性と結ばれ、結婚生活を送るようになった。しかし、その後も彼女は女性として生きることの困難さを抱え孤軍奮闘することになった。

第3節　母親のイメージ体験

1. 母親面接の意味

　前節では食の病を抱えたクライエントの母親トヨさんが治療者に語ったことを、できるだけ時間の流れに沿って述べてきた。その経過をみると、トヨさんはもともとクライエントである娘の問題に悩んで来室したのではない。娘自身が母親に自分を理解してもらうために、治療者の前に母親を引きずり出してきた格好である。ところが、治療者の前に現れた母親が語ったことは、娘の問題はその一部に過ぎず、むしろそれ以上に、自分の人生について何度も何度も繰り返し話し、太るのが怖いという娘の訴えなど、些細な事に過ぎないという態度が感じられた。実際聴いてみるとトヨさんの人生は凄まじく、ほぼ1年間20回ほどの面接で、多くの時間を自らの人生や体験について語り、しかも、娘に勧められたと、自主的に自分の夢にも言及し、休みを機に自ら終了していった。これは娘のストーリーから見れば、そのナレーションであり、母が語ることで娘の物語は完結したが、母親自身の物語としてどのような意味があったのだろうか。橋本は、母親面接の目的や構造が定

94　第Ⅰ部　心理臨床実践における「私」の体験

まりにくいとしながら、「母親面接で『語られる子どもの問題』に母親自身の
未解決の問題が重なって語られる」と述べ、母親面接の目的は「母親の語り
がいかに子どもの話題から母親自身の内奥に届くようになるかである」とし
ている（橋本，2000）。橋本がいうように、母親面接の目的が母親の内奥に届
く事だとすれば、トヨさんは今までの自分の生き方を繰り返し語り、最終
的には夢という形で自らの心の軌跡を語り尽くして、彼女なりに面接の目
的を達成していったと思われる。そこでまずトヨさんの夢について考えてみ
たい。

2.語られたイメージの意味すること

　トヨさんがはじめて自分の夢について語ったのは、トヨさんの生い立ちを
語り尽くし、ようやく娘に対する自分の接し方に多少疑問を感じ始めたころ
であった。夢の中で、【泥】は生命の根源であり、【海に泳ぎに行く】夢は、
より混沌とした太母をイメージさせ、【ちょろちょろと流れる小川】は無意
識の流れを連想させ、トヨさんがようやく自分の無意識の流れを感じ始めた
と考えられる。そして、それは娘の育て方に対する、信じて疑わなかった自
分の姿勢を、現実にも振り返り始めたことに呼応している。【病気が治る】
夢は娘の病の治癒をうかがわせると同時に、深く傷ついたトヨさん自身の心
の傷が癒えていくイメージと思われる。その後、長い夏休みの間、娘と向き
合いながら毎日を過ごしたトヨさんが語った魚の夢では、元気な「息子と私」
と、弱い「娘と父親」という関係をイメージしているが、スーイスーイと泳
ぐ、どこか男根的な魚に対して、平たい体で川底深く泳ぎ回るエイからは太
母を想い描くことができる。そして、そのエイが傷つき、トヨさんは「かわ
いそう」と語り、ようやく傷つくことの痛みを実感し始めたのではないだろ
うか。最終回の【悪魔のような男が家を焼き尽くす】夢について、トヨさん
自身はその男を【つかんでは倒し、馬乗りになって怒る】部分に、自分の憎
しみを重ね、憎みながらその人のために働く自分を、マイナスイメージであ

る自らの強さとして意識化している。この抑圧された攻撃性について、多くの女性の夢を分析したシグネル（Signell, K. A.）は、現代の家族や社会では女性が攻撃性を表現し、自己主張することは狭い範囲でしか認められておらず、無意識の底に追いやられることが多いという。そして、無意識の表れである夢のなかで攻撃性の内的なドラマが演じられるときには、多くの場合男性が登場し、その人物は女性の攻撃的な側面が発達したものだとする。そして「男性像は、攻撃的であるときも、助けの手を差し伸べてくれるときもあります。とくにひどい扱いをされてきた女性にとって、夢に初めて出てくる男性像は恐ろしげです」（Signell, 1990/1997）と述べている。

　次に【焼き尽くす】ことについて考えてみると、火は光と熱を発し光明でありエネルギーであり、知性と情熱でもある。また稲妻に見る恐ろしさでもあるが、暖炉の暖かさでもある。あるいは焼き尽くすことによってこそ、再生される。仏教では火が無知を焼き尽くす叡智とされ、火柱は釈尊の象徴でもある。このように焼き尽くすことからはさまざまな意味を思い描くことができるが、トヨさんの場合は、実際に子育てをし、舅や姑を看取り、ひ弱な夫の世話するエネルギーであると同時に、憎しみや怒りでもあり、自らをプラスとマイナスの両面を抱えた存在として認めるようになっていったと考えられる。

3. トヨさんの人生

　次にトヨさんが繰り返し語った人生とは何だったのだろうかと考えてみると、彼女の語りのテーマは「あきらめ」と「意地」と言える。まず、都会に出て大学や短大へ進学することをあきらめ、洋裁で身を立てることをあきらめ、愛情のある結婚生活をあきらめ、第一子の出産をあきらめ、長男を育てることまであきらめねばならなかった。したがって、その後生まれたクライエントである娘は、トヨさんにとっては「意地」でも自分の思惑どおりに良い子に育てることが必要であった。ところで、佐竹によると、「意地」は「気

96　第Ⅰ部　心理臨床実践における「私」の体験

だて」であり「心根」であり、「自分の思うことを通そうとする心」とされる
が、実際には、もっと独特の影を持った言葉である。そして、「『意地』の裏
には、相手に対してこうあってほしいとの期待が前もって存在したのであっ
て、その期待が満たされなかった事への深い悲しみと嘆き、そして相手に対
する深いうらみの感情がこめられている」と述べている（佐竹，1987）。そし
てその根底には「甘え」の感情があり、何らかの事情で挫折したとき、「意
地」が発生するとしている。トヨさんについて考えてみると、彼女に起こっ
たさまざまな出来事をあきらめるためには、どうしても「意地」を張り通す
必要があった。そのような「意地」の裏に込められた思いとは、のびのびと
学び、自由に生きたいという親への甘えであり、女として妻として愛された
い夫への期待であり、それが満たされない恨みであった。そういうあきらめ
ねばならない現実があるからこそ、自我の理想を実現すべく「意地」を張ら
ざるを得ない。そしてその思いを娘に背負わせることによって、娘は深く悩
むことを余儀なくされる。

　「意地」と「あきらめ」については、かつて九鬼（1930）が日本人の美意識と
して、「いき」を挙げ、その構成要素として「媚態」と「意気地」と「諦め」を
挙げたことが思い出される。九鬼によると、「媚態」は「いき」の基調を構成
し、「意気地」と「諦め」の二つは「民族的歴史的色彩を規定して、媚態の存
在を強調する」としている。平たく言えば、「いき」とは男女が愛情関係を保
ちつつ、結ばれることなく、緊張関係を持ち続ける二元的な態度であり、「意
気地」と「諦め」はそれに磨きをかけるものと解することができる。このよ
うな「いき」な態度は、子を産み育て、嫁として働くことを求められたトヨ
さんには、全く期待されないものであり、トヨさんは「いき」とは対極上の
存在であろう。しかし、「いき」は「粋」でもあるが、「意気」であり「生き」
でもある。つまり、男女の関係性であると同時に、「生き方」の問題であり、
トヨさんが「自分の人生を生きたい」あるいは、自らの「性を生きたい」とい
う欲求を失っていたのではないことを示している。むしろ「いき」の中心的
なものを、心の奥深くに閉じ込め、意識的にはさらりと「あきらめ」て、し

かし、それ故にこそ「意地」を張り、異性に対してある種の反抗、あるいは抵抗する強さに磨きをかけていく。そして、悪魔のような男に馬乗りになった夢を見ることで、自分の攻撃性を意識化するが、その姿は「意気」とは言えるが、「粋」ではなく、むしろ「無粋」というべきかもしれない。つまり、トヨさんが生きたいと求めつつ、生きられなかった側面こそ「粋」な女性的側面ではないだろうか。

　人生をあきらめるところから結婚生活を始め、憎しみや恨みを持ち続けて、なお反抗的な強さの「意地」を張りとおしたトヨさんの人生は、それなりに完結した物語であり、生きられなかった女性性は、無意識下に静かに眠りつづける。しかし、そんな母親のもとに育った娘は摂食障害という症状を出すことで、女性として再生することを拒み続けることになる。

4. 母の生きられなかった側面を生きる

　娘は、激しい拒食による生命の危機を経て、イライラや不安を紛らわすための過食、そこに起こってくる太った自分への嫌悪感、その結果強引な過食嘔吐をする。そして、日常的過食嘔吐を繰り返す生活で、身体は痩せ衰え無月経の数年間が訪れ、気分は沈みがちとなる。その間、人間関係をめぐるストレスや不安に苦しみ、仕事に就いてもなかなか長続きしない。しかし、娘は優しく献身的な男性と出会い、過食嘔吐という症状をも告白して結ばれ、その時点では夫に愛されていると感じることで、症状も少しずつ治まり、生理も始まり健康な結婚生活を始めたかにみえた。ところが、平凡な結婚生活の間に、彼女の心には自分が本当に夫を愛しているのか、夫から自分は本当に愛されているのかという不安が湧き、自分たちの愛情は実はにせもので、真の恋愛がしたい、本当の男女の愛が欲しいと嘆き悲しむようになった。そして、時には小説の主人公など非現実的男性に恋焦がれ、それが叶えられない現実を知って泣き崩れる、内面的には不安定な時期を過ごすことになった。

　このような娘の内面に触れ、彼女の思いに寄り添ってみると、筆者にはト

98 　第Ⅰ部　心理臨床実践における「私」の体験

ヨさんの生きられなかった部分が想い起こされた。男と女の関係において子をもうけ、母として子育てをし、現実的外面的には女性として生きたトヨさんではあるが、恋する機会も女の喜びを体験することも無く、心の奥では夫を憎み、自らの性をただ産む性として肯定してきた。そんなトヨさんが生きられなかった女性的側面こそ、娘が苦しみ、求め続けたものであることが明らかになった。橋本（2000）は、レナード（Leonard, L. S.）の言うマッドウーマン（Mad woman:狂女）の元型（Leonard, 1993）にふれ、母娘関係の癒しのテーマは、非常に困難であり、それがイメージでこそ行われ、娘の側の意識化という困難な作業が癒しに導くとしている。しかし、実際にはトヨさんの場合にみるように、母娘の関係は娘の意識化が母親の癒しにつながるといった一方的なものではなく、母と子が同時に並行的に根気強い意識化のプロセスがあって癒されると思われる。つまり、娘の症状や障害を、母親の犠牲になった結果として捉えるのではなく、母親が生きた、あるいは生きざるを得なかった時代や現実の中で、なおやり残した仕事を、娘はしばしば背負わされると考えた方が母親面接は進展する。

　このように考えてくると、食の病はトヨさん母娘にとってどのような意味があったのだろうか。もともと母親が抱えた問題であったにもかかわらず、母親は症状の発症には至らず、怒りや憎しみを抱えつつ良き妻、良き母、良き嫁を演じきることができ、娘は母親の意識的配慮を与えられていたにもかかわらず、何故に激しい症状を呈し苦しまねばならなかったのだろうか。一つには、母親の配慮としての思いが、重過ぎたり方向性を逸していることもあるだろう。しかし、現代社会において、我が子が「良い子」であれと願わぬ親はいない。多くの母親が自分の生きられなかった側面を生きて欲しいと思い、できなかった夢を子に託すことはごく一般的な親子関係と言える。にもかかわらず、症状を呈するほど悩む場合と、悩み苦しみつつ現実適応する場合ではどのような差異があるのだろうか。それを次に考えたい。

第4章　境界イメージとしての「母性的風土」　　99

第4節　母性的風土を育むこととイメージ体験

　筆者は「青年期の危機についての若干の考察」(友久, 2001) のなかで、母性的風土について、個と個との関係を表現するのではなく、場が共有する共通感覚であり、深く身体性に根ざしており、家庭にも、地域社会にも治療関係の中にも存在しうると述べた。そして、それは柳田が、自死を決行して脳死になった息子の臓器を、移植して蘇えらせたいと苦悩した時の心情を綴った『犠牲』(柳田, 1995) の中で提唱した末期医療における「二人称の視点」に通じる。そして青年期の若者の自死の心性はこの母性的風土によって育まれておらず、現代社会は母性的風土を豊かに蘇らせることが重要ではないかと指摘した。

1.母性的風土の中で生きること

　トヨさん母娘について考えてみると、トヨさんの幼少期は、戦中戦後という物質的不自由さはあるものの、大勢の家族、親戚隣近所の人々が身近に存在し、トヨさんが「かわいがってもらったが、しつけられてはいなかった」と表現するように、特別なしつけが行われることがなくとも、豊かな人間関係が自然な形で作用していたと思われる。また、トヨさんが育ったころの日本の自然は、四季の変化に富み、小川のせせらぎ、小鳥のさえずりや虫の鳴き声、焚き火の炎にあるような楽しみと恐怖、土や草花のかおりを運ぶ風、あらゆる物が息づいており、その中で、人々の営みは綿々と伝えられ、身体を通してトヨさんの心の奥深くにしみ込み育っていったと思われる。これが筆者の考える母性的風土である。

　つまり、トヨさんは、半世紀前の豊かな自然や人間関係の中で育てられ、トヨさんと彼女の母親との関係がどのようなものであれ、結婚生活が怒りや憎しみに満ちていたとしても、自らの思いをそれなりに心に納め、生きられなかった側面を抱えながらも現実生活に適応することができた。それに比べ

ると、娘は母親であるトヨさんの愛情を一身に受けて育てられたが、その母は夫や夫の家族の中で孤立しており、近所付き合いさえ思うようには許されず、豊かな人間関係があったとは言い難く、攻撃性を内に秘めたまま、その対象である人々の為に生きていた。しかも、都会のエリート社員の生活には、トヨさんが幼少期に過ごしたような自然の遊びや、兄弟や隣人たちとの深い交流は無く、まして土を耕すなど植物と触れ合うことを期待すべも無かった。つまり、娘の生活には、母親の愛情はあっても、母性的風土と呼ぶべきものが存在していなかった。このことは、娘の症状が軽減化して行く過程で、娘が夫と共に川で遊んだり、森を散策したり、真っ赤な夕日を眺めて感動に浸ったことで癒されたと語ったことからも推測できる。

　加藤は「心理療法は、真の癒しに向かうために、そこより出ている黄金の糸を確実に手に入れる。この糸を手繰りつつ、まず第一に、大自然の森羅万象に出会う」(加藤, 1996)と書き、人類が自然の中の一部として存在し、深い魂のエコロジーというべきものが評価されて当然だとしている。そして、自然と交流することで癒されていった統合失調症の患者の例をあげ、心理療法は「人間関係を中心に進んでいく」が、「その根底には、万有との深い出会いが潜んでいる」と述べている。この「万有との深い出会い」は、筆者がいう母性的風土と同質のものであり、それは心理療法における深い治療関係の中に存在すると同時に、かつては家庭の中にも地域社会にも豊かに息づいていたのではないだろうか。そしてグラウンドゼロの、悲しみと痛みの響きは、母性的風土を育むべきことへの警鐘であろう。とはいえ、日常生活の多くが、パソコンやスマートフォンによって処理できる今日、母性的風土を現実的に築くことは並大抵のことではない。そこで、心理療法におけるイメージ体験として、心の奥深くに根付く可能性をトヨさんは語っているように思われる。

2. 母性的風土になること

　ところで、心理療法で出会う母親は、多くは子どもに何か困った問題が起

こり、その解決策を求めてやって来る。学生相談のように、子どもがある程度の年齢に達すると、子どもが親の無理解に苦しみ、意識的に親を連れてくる場合もある。いずれにしても、出会ってみると、クライエントである子どもの側から語られる母親と、母親本人との間には、大きなギャップがあり、いつも驚かされる。たいていの場合は、子どもが語る母親イメージは甚だしく悪いが、会ってみると、ごく普通の、時には非の打ち所が無いほど立派な母親だったりする。そして、そんな経験を繰り返すうちに、筆者はどんな母親も精一杯生きており、たとえ虐待かと思われるような行為をしている母親であっても、その状況の中では、母親として誰も非難することはできない心の現実を抱えている、と思うようになった。このように大勢の母親との出会いを経て、筆者は個人的にも子育てから解放され、孫の顔を見る年齢になって、出会った人々と「そのまま」の自分が向き合って、治療者として「これでいい」と思えることが多くなってきたような気がする。それは自分が、出会ったクライエントのまわりを取り巻く空気のような存在で、必要とされてはいたけれども、それほど印象深く残るわけではない、しかも、クライエントの病理が深ければ深いほど、重要ではあったが、形に残らないものとして存在していることを示している。つまり、心理療法場面で出会う人々の、母性的風土の一部として、自分自身が作用した時、治療者としての存在価値が生まれてくるのではないだろうか。藤原は人間が生きる上では、自然環境における空気と同じように、心が自然に働いていることが不可欠であるとしながら、「どちらも自明のこととみなされやすく、たいそう忘れられやすい」（藤原, 2001）と指摘している。逆の言い方をすれば、日々変わらず存在する空気や、毎朝昇る太陽と同じように、宇宙を形作る自然の一部として治療者も存在することによって、クライエントが自然な心の流れを取り戻すことができると考えられる。

第5章

発達障害傾向の若者の増加とイメージ体験

第1節　発達障害傾向の若者の増加

　前章までは、何か悩みを抱えて来室した人との出会いを通して、クライエントと治療者の関係の中で、両者の心の変容について考察してきた。その場合、治療者がクライエントの心の変容を目指して出会うことが当然のことであり、それぞれの人が訴える内容は違っても、治療者がクライエントの心に寄り添うことによって、クライエント自身が自らの心に折り合いをつけ問題を解決し、場合によって現実に適応していくとされていた。しかし、10年近く前からは、そのような対応をしていても徒労と感じられるクライエントが増加し、筆者は人々の心に今までとは何か質的に違うものを感じ始めていた。人々の心に一体何が起こっていると考えればいいのだろうか。

　それを考えるために、筆者が長年勤務している学生相談室来室者の主訴に何かヒントがあるのではないかと、学生相談室紀要（茂木，1992；常井・西河，2002；西浦，2012；佐藤，2017）の来室者の主訴による分類を紐解いてみた。それを見ると、初回に訴えてきた内容によって「心理、心理検査、修学、進路、生活健康、グループワーク」に分類され、この項目によって統計的処理をしており、10年前も20年前も今日も、それらの比率は大きく変化しているわけではなかった。しかし、日々の現場感覚的には、主訴として表現しきれな

第5章　発達障害傾向の若者の増加とイメージ体験　103

い何か質的な変化が来室者の心の中に生じているのではないかと筆者には感じられた。あるいは、10年前20年前にも同じような若者が存在していたのかもしれないが、学校や家庭、あるいは地域社会など社会的支援を通した社会化によって、それなりの大学生活を送ることができたため、学生相談室への来室には至ることなく解決し、顕在化しなかったのかもしれない。今のところ質的な変化がどのようなものであるかについて明確な答えを出すことは難しいのだが、学生相談室における大きな変化として、学生本人が来室するのではなく、家族や友人、あるいは教職員の来室が増加していることをあげることができる（友久, 2012）。つまり、本人の問題を本人が意識する前に、周りの人々が、何らかの違和感や通じ難さを感じて、学生相談室を訪れる場合が多いことによって理解できるように思われる。言い換えれば、近年学生相談室を訪れる若者の傾向としては、自らの問題を自らの問題として自覚することが難しく、「悩めない」という問題を抱えているといえるかもしれない。

　人間が悩むためには少なくとも主体的な「私」が、ある程度確立していなければならない。このような「悩めない」若者の行動特徴は「発達障害傾向」と捉えられ、河合（2010a）は発達障害傾向を持った人の特徴を「主体性の欠如」としている。また、高石（2009）はそういった若者への支援の在り方として、主体性の確立を目指した援助が求められると主張しており、さらに、大学の使命は、「学生を社会から守られ育てられる者」から、「社会の一員として何かを生み出す者」に育てることにあると述べている。

　こういった発達障害傾向の若者への支援は、概ね教育機関としての支援の枠組みや教育の方法としての問題意識であり、個と向き合うカウンセリングや心理療法的アプローチについて語られることは稀である。医療機関においては極端な場合、ウィング（Wing, L.）の主張するように、脳の中枢神経障害であるため、薬物や訓練によるアプローチが適切で、心理療法による効果を期待するのは難しいといわれることすらある（Wing, 1996/1998）。技法として語られる場合も、彼らに対しては体系的技術を習得・学習していく訓練的方

法が優勢で、イメージを介した心理療法はそれほど有効とは考えられていない。しかし、心理療法過程において、彼らが自らの内面を語ったり、夢や箱庭などイメージ表現をして、そこに何らかの意味を見出すことが可能な場合も少なくない。イメージを重視するユング派分析家である河合は、主体の欠如が発達障害の特徴であるため、主体に働きかける従来の心理療法は近年では効果が薄いとされているとしながらも、経験的には発達障害に対する心理療法が「二次障害への対応にとどまらず、発達障害の中核的な部分に及んでいる」（河合, 2010a）と述べている。筆者が勤務する大学の学生相談室においては、関連ある法整備に伴う大学側からの要請もあり、発達障害を持つ若者への支援活動も活発化し、筆者も当然そこに関わってはきたが、意識としては個と向き合う心理療法的アプローチに軸足を置いて、向き合った学生の人格変容を期待して活動してきた。

　そこで、筆者が20年以上前に学生相談室で出会い、現在、発達障害傾向を有していると自認する成人女性の相談事例（友久, 2013, 2017）を提示し、彼女にとって主体性を確立し、何かを生み出す存在になるとはどのようなことなのか、あるいは退学後、クリニックの心理療法過程において表現したイメージの意味を探り、心理療法としてどのような意味があるかを考えたい。彼女を仮に「チカさん」と呼ばせてもらおう。

　チカさんは、学生相談室に来室当時には、摂食障害やうつ症状を呈して引きこもりがちであったが、本人はもちろん筆者も発達障害傾向という理解はしていなかった。その間、チカさんは授業への出席が困難であることや、家族とのトラブル、中学・高校時代にいじめられた体験などを語った。後から考えれば、その語りは知的発達に比して情緒的発達の未熟さ、あるいは田中（2009）が発達障害傾向の特徴として挙げた「自分のなさ」「空っぽさ」「干渉されやすさ」を抱えた語りであったと思われる。しかし、当時大学生に対して、「発達障害」という見立てをすることは極めて稀で、何か違和感を覚えながらも、筆者は、傾聴共感を重視した一般的な対応をしていた。それでもチカさんは徐々に自分自身を認識し始め、それなりの人格的変容が認められ

た。ただ、現実的には大学に7年間在籍しながら、単位不足のため退学を余儀なくされ、大学生活への適応や社会に参入していく力をつけることを主たる目的とする学生相談として、十分な対応ができたとは言えない。そのため筆者にとっては、ある種の罪悪感とともに彼女の将来に危機感を抱えていた。そのような経過から、退学後もチカさんとの関係は、細い古びた糸のようであったが、完全に切れてしまうことはなく、公的支援を受け始めたのをきっかけに、筆者が勤める精神科クリニックの心理療法枠に収まり、2年ほど経過して夢を報告し始めた。

　そこで、第2節では、学生相談として関わった3年間の面接経過の概略を述べ、第3節では、チカさんがその後クリニックにおける心理療法場面で表現した夢のイメージを記載し、チカさんの心の変容過程を振り返る。第4節では、第2節、第3節での記述を通して、まず学生相談における心理療法の可能性を考え、その後、クリニックの面接過程のなかで表現したイメージの意味をさぐり、それがチカさんの心にどのように影響を及ぼしたかについて考えたい。そして、そこで得られた知見から、発達障害傾向の若者への心理療法の在り方やイメージの重要性に触れることができればと考える。

第2節　「この世の果てに来てしまった」と訴えたチカさんの物語

（「　」内はチカさん、〈　〉内は治療者の語ったことやその要約。【　】はチカさんの夢やその要約）

1.出会いから「私」を語り始めるまで

　学生相談室が開室して10年目の秋、キャンパスでは、学園祭の準備で多くの学生が忙しそうに活動しているころ、チカさんは来室した。手垢で汚れたニット帽を、のぞき込まなければ見えないほど深くかぶり、伏し目がちに

人目を避けるように見えるチカさんに、筆者は「申込票」に記入するよう促した。しかし、チカさんはじっと用紙を見て考え込んでいた。しばらくすると、「これ、書かないといけないんですか?」と、顔は伏せたまま、ちょっととがった声で問いかけた。筆者が〈書けるところだけでいいよ〉と、来室する学生の誰にでも言うセリフを投げかけると、チカさんは"この世の果てに来てしまった感じ"と、相談したい内容欄に記入し、自分自身について一切の情報を記入しないまま、申込票を筆者につき返した。その時初めて、筆者はただ事ではない人だと感じ少し身構えた。面接室に入室すると、顔は伏せたままだが、意外にも多弁に語り、時にほろほろと涙を流すことがあった。チカさんは、まず「自分がどのような病であるかを知りたくなって本を読んでみると、多くの大学で学生相談室というのがあるのを知りやってきた」と話し始めた。しかし「なんで自分がそのような所に行かねばならないのか」と不本意であること、「観察の材料にされたりするのではないかと不安であること」、さらに、「カウンセラーというのは、人の悩みをお金に換えているという思いがあり、許せないと考えている」ことなどを語り、筆者には挑戦的と感じられた。しかし、じっと聞き入っていると、「気分に波があり、明るい時は、頑張って居場所を探そうとするが、落ち込むと、自分は罰の部分を生きさせられていると感じ、あらゆる存在が遠くなってしまう」「それでも、もう一人の自分が、もう少し生きてみろと言うので、何とか生きている」「カウンセラーに相談する気はないが、友達がいないので話は聞いてほしい」など、涙の奥には悲しみを秘めた自尊心、それを納めきれない幼さが混じり合って哀れにも感じられた。筆者は継続面接を勧め、個人を特定するための愛称だけでも教えてもらうように言うと、「チカでいいです」とぶっきらぼうに名前を告げ、筆者の〈次週も待ってるから〉という誘いに、何となく頷いて退出した。

　次週も同じ曜日の同じ時間に来室するよう約束を押し付けて、その日になったが、本当に来室するかどうか筆者は不安なまま待っていた。すると、少し時間に遅れはしたがチカさんは来室した。初回同様伏せ目がちではある

が積極的に語り、「前回なぜ泣いてしまったか不思議」「人に比べると、私はお子様」「友人は就職活動をしており、みんな現実を知っているが、自分は夢ばかり見ている」と語り、筆者の〈何回生?〉という問いにも「4回生だけど、後2年行かないと卒業できない」など、引きこもり状態で精神科や相談室に通う必要があると思うが、「自分の中にそういう痕跡が残るのが嫌」と、ためらいながらも自らの心の扉に隙間を開けた。しかし、継続面接には応じず「また必要性を感じたら来る」と退室した。

　1ヵ月後に来室したチカさんは、自分が「協調性に欠ける」「ふわふわ夢ばかり見て、15歳から時間は止まっている」「しっかり獲得する感覚が持てない。それでも自分が偉いと思っている」などと話し、退室するため立ち上がってから、「私、過食症なんです……。ああ一言ってしまった……」と呟き、なかなか退室できなかった。その後、年末年始を挟んで1月の末まで毎週来室し、その間には次のような話をしている。「自分はロックが好きで、尾崎豊の歌詞に特に魅力を感じる」「考えるのも好きでいつか哲学を勉強したい」、しかし「自分を好きになれず、ある日突然死ぬかも知れないと思う」、一方で「一発逆転して公務員試験を受けようと思う」などであるが、来室当初よりはとがった様子が減っているように感じられた。1月末の面接終了時に、筆者が春休みの過ごし方を質問すると「ど田舎には帰らない、追い出されてしまう」など、下宿をしており、家族との関係が良くないことをうかがわせる発言をした。筆者は〈とにかく待っている〉と伝えて、不安を感じながらも一旦終了した。

2. チカさん自身についての語り

　新年度の授業が始まるころチカさんは再び来室し、「両親とは小さな悲劇がいっぱいあった」とか「卒業できない最低の人間」「将来があるとは思えないので、死んでしまえばいいと思っている」など、深刻な話を、吐き捨てるように語った。筆者は対応に苦慮し、〈とにかく一緒に考えよう〉と話し、

チカさんの下宿の電話番号だけを聞き出すことができた。

　その後、筆者は毎週面接する必要性を感じ、来室を促し予定を入れていたのだが、もともとチカさんの来室意欲があっての予約ではないため、無断キャンセルが相次ぎ、来室しても遅刻をすることが多々あった。それでも無断キャンセルの後になって、「行けなくてすいません」と電話が入ることもあり、結果的に夏休みが終了するころまで、一月に2回程度の来室になった。しかし、来室するとかなり多弁に語り、涙を流すこともあった。そんな中で、次のような話を何回か話題にしている。「母親が高学歴志向で、その期待に応えなければいけないと考えて生きてきた」「自分では勉強を頑張れば簡単に取り返せると考えている」しかし「思い通りにならず、自己嫌悪に陥り、このまま死んだ方がいいと考える」「自己嫌悪を感じているのに、実感としては感じておらず、一人ぐらい死んでも問題ではない」などといったことであった。

　その後「あまり出席できていない授業に出たら、『君のような奴は来なくていい』といわれ、対応方法がわからないでいると、ずっと無視された」とか、母親からは「『早く単位を取って卒業しなさい』『卒業できないならやめさせる』と脅され怖い」とか、「勉強だけに価値を置いてきたので、大学を辞めさせられたら人間として失格」などと語った。

　前期テストの時期になると、「全部単位を取る予定だったが、テストに出席できない」と、気持ちが落ち込んでいった。「自分の精神年齢は、中学時代から発達していない。妹に比べても現実味がなく、狼少年のような気がする」と語りつつ、「自分の中で、不細工と馬鹿とブタが三悪で、絶対に許せない」と独特の表現をし、「単位が取れないと強制送還される」「病院に入れられる」など、激しく泣き出し親に対する複雑な思いを繰り返した。それを受けて筆者が両親と話すことを提案するが応じず、「親のせいではなく自分のせいだと思う」とその提案を拒否した。

　夏休みになって、帰省について問うと、「帰るのは恥さらしになる」と下宿に引きこもるが、学生相談室には隔週ペースで来室した。そのころには

「中学時代には、勉強もできて成績が良かった」「親の理想は医者か弁護士か学者になることで、私がそうなれば家族の格が上がると思う」「自分の不細工さを許せないが、勉強ができたら、不細工なのも許せそうな気がする」などと語り、教育に熱心な地方で、成績こそが人間の価値として育てられたのではないかと思われた。

　後期になると、表情が暗くつらそうに見えたが「自分には妹がおり、妹は『イカシタ子』で、自分のしたいことをして楽しそうに生きている。しかし、高校時代は妹も自分も食べ吐きを繰り返しており、親は妹の過食嘔吐については理解していたが、自分の過食嘔吐については気付いていなかった。そのころは自分の方が成績は良く、母親は自分の可能性に惚れていてくれた」と子どものように泣き崩れた。しかし『日本一醜い親への手紙』という本を読んで、「私はめっちゃラッキーだと思う。少なくとも親から虐待されたこともないし、強姦されたこともないから」と語るのを聞き、筆者は唖然とし、チカさんの独特の感覚にどう対応すればいいのか困惑した。

　その後も激しく落ち込むことが多くなったため、毎週2回40分の面接を設定すると、遅刻をしながらも毎回来室した。「大学の授業には出なければいけないと思うが、無気力になり、『クズっぽい人』を見ると、私もその予備軍と思え、最低の気分になる」とか「もともとこの大学が嫌いで、人と話すことがないので、たまに話したいと思っても言葉が出てこない」と言いつつ、秋には「4年間無かった生理があった」と語った。

　年末になると、いくつかの夢の断片を報告し、それに関連して小中学校のころの話をし、「グループが嫌いで、誰とも仲良くなれなかった」と語った。夢の記録を書くように促すと、「ノートを使うのがもったいない」と独特の価値観で、広告の紙にメモしたものを手渡すことがあったが、当時筆者は、それを話題にして深めていく気持ちにはなれなかった。

　年が明けて「自分が有名大学に合格していたり、司法試験に合格すれば、母親に認められると思う」と話したことがある。この発言に対して、〈お母さんのための人生ではなく自分のための人生を生きよう〉と語りかけると激

110　第I部　心理臨床実践における「私」の体験

しく涙した。その後、後期のテストもほとんど受験できず、母親から電話による激しい叱責を受けて落ち込み、運転免許を取るために親が送ってきたお金も、過食嘔吐のために使い果たしてしまった。そして、「まともになりたい」と、チカさんが努力するのは、漢字の書き取りであったり、英語の単語を覚えることであったため、筆者は違和感を覚え、〈もっと楽しい体験を……〉と言うと、「楽しい体験はしたことがなく、それが悲しいということも自分には理解できない」と応えた。

　次年度が始まって、遅刻や無断キャンセルはほとんどなくなった。話の内容は、「授業には時々しか出席できないが、本気になれば、単位の取得はチョチョイのチョイとできると考えている」「いずれは司法試験に合格する予定である」などと語った。また、「母親が好きなように生きたらいいと言いつつ、単位を取って卒業しなさいと叱責する」などと、涙を流しティッシュペーパーで激しく拭いながら話した。その後、「こんな三流大学の落第生」と自嘲的に語ることが多くなったが、「自分の無表情な顔に愛着を感じる」とも話した。

　6年目の夏休みが終わり前期の成績を受けとって、このままでは8年目まで大学に通学し続けなければ卒業できないことが判明し、「どのように親に言い訳をして大学を続けさせてもらうか」と思い悩んでいた。筆者が〈本当に大学を続けたいのかどうか〉を問うと、「勉強以外に、自分が何をしたいか考えたこともない」と事もなげに応えた。そして妹が4回生で就職活動をしているが、妹と話したり妹のメールを読むと、「びっくりして覚醒する」とか「私とは質の違う人」と妹を評し、「自らの人生は罰を生きさせられている」と語った。後期の授業も思うようには出席できず、キャンパス内で出会う学生に対して「チャラチャラとしている」「あいつら死んでほしい」などと激しい言葉を投げかけた。しかし、浪人時代に仲良くしていた友人に対して、「本当は友達として付き合いたかった」と語ったり、「先生と仲良く話せる大学生活もしてみたかった」とぽつりと口にすることもあった。

　その後も、「母親からたびたび電話が入り、単位をとれないならやめさせ

る」と繰り返し迫られていた。また、妹の話から「妹は川の向こう側にいる。自分も並行して歩いているけれども向こうとこっちは質が違う。好きだった友達も先生も向こう側の人」と言うため、〈みんな違っていていいのでは?〉と返すと、「あっちとこっちはサルと人間ぐらい違っている。川を渡らなかったらいつまでたってもサルのまま、でも私には渡れない」と心の内を露呈した。

　年が明けて来室した折には、母親と言い争いをしたが、母親と戦ってもいいかとも思えること、そして、自分はおばあちゃん子で、そのおばあちゃんを母親がひどく嫌っていることも話した。また、「男性を気にすることがあるが、好きになるとはどういうことかわからない」とか、「性的な関係をもったことがないので練習をしたいが、どうすればいいのか」など、チカさん独特の表現をしていた。

　後期試験が終了するころには、「テストが十分受験できず、泣いてばかりいる」と来室。そのため、筆者は〈レポートの再提出や再受験の可能性〉を話し、本人が教務部で相談することになった。その時初めてチカさんは自分の学籍番号と姓名を名乗り、筆者は教務部に連絡し、彼女の相談を受けてもらうことを依頼した。しかし、結局わずかの単位しか取得できず、いっそう引きこもりがちになっていった。

3. 現実を突き付けられたチカさんの語り

　新年度が始まって来室したときには、母親から単位取得についての激しい叱責の電話がかかっている様子を話した。しかし、一方で「浪人時代も、大学入学後も親には頑張ると言っていたので、単位が取れないのは自分が悪い」と言って泣き崩れた。残りの在籍可能期間2年になって、80単位が未取得という現実に直面して、「このままでは自分の人生が無駄になる」と、ようやく卒業に対する不安を語り、自分の在り方に目を向け始めたようであった。その中で、自分はヨーロッパサッカーに関心があり、好きなチーム

や選手の話をしたり、サッカーの話題で数少ない友人とメールのやり取り をして、楽しいと感じたことを話し、「楽しいと思うことについて考えても いいのだと思える」とも語った。テストが終了するころまではサッカーの話 題で盛り上がり、彼女なりに気分の高揚があったと思われた。その後、婦人 科の病気が見つかり、実家に帰り手術を受けている。この時、実家の住所を 明かして、3週間後には退院して大学に復帰した。しかし、病気療養期間の 後、大学で受講することに意欲を失い、「もう勉強なんてできないから卒業 も無理になった」と投げやりになり、今後の生き方に対して不安を表現し、 面接場面では沈黙が多くなった。その後「司法書士の資格を取りたい」とか、 「スペイン語の通訳になりたい」と、口走っては「思いつくことが突飛で現実 的ではない。大学の卒業だけが目標で生きてきたのに、私はもうすぐ大学を 辞めないといけない……」と、ようやく現実を認識し始めた。いよいよ卒業 が不可能になって、チカさんは「申し訳ないと感じている」と話したが、「母 親は幼少期から厳しかったこと、中学・高校時代も友人と映画に行くこと も、体育祭の打ち上げに参加することも許可してくれなかった」と回想した。 そして、「サッカーを見ても、ロックを聴いても泣けて仕方がない」と、う つ状態であった。しかし、「勉強はしている」と、英検の勉強をしたり、司 法試験の勉強について熱心に語る姿に、筆者は独特のずれや違和感を感じて いた。

　新年度4月の来室時には、在籍8年目になっても卒業の可能性がなくなっ たという書類が、大学から親のもとに送付され、母親から電話があったこと を涙ながらに報告した。そして、母親の「こっちに帰ってきてもつらいだけ だけど、これからどうするつもり?」という問いに対して、チカさんは「ア ルバイトをしながら資格の勉強をするつもり」と答えたという。しかし、現 実にはチカさんはほとんどアルバイトの経験はなく、過食嘔吐を繰り返し、 引きこもった状態であったため、〈正直な気持ちを、一度実家に帰ってゆっ くり話し合ってみてはどうか〉と提案した。しかし、「母親はチカさんがす ぐに自立できると考えており、どうしても親に自分の気持ちが言えない。で

第5章　発達障害傾向の若者の増加とイメージ体験　113

もそれがなぜなのか不思議に思う」などと話した。その後予約を入れていたが来室せず、電話の連絡も取れなくなったため、筆者は不安を感じ、初めて母親に連絡した。しかし、母親は「自分で何とかなると言っている」と話し、チカさんの現状を全く理解していない様子のため、彼女の携帯電話のナンバーを聞き出し、一度両親と話がしたいとだけ申し入れた。

　4月の末になって学部からの呼び出しを受けて両親が来学。学部長から卒業の可能性がなくなった話を聞いた後、両親は学生相談室に来室した。そして、母親は「2人姉妹の姉として、妹がお姉ちゃんはスーパーマンと思えるほど、幼少期から優秀で希望の星であった」とか、「高校2年のころに体調を崩して、学校まで迎えに行ったことが何度かあるが、今はアルバイトをして4〜5万円は稼いでいると思っていた」といったことを話した。筆者がチカさんは、過食嘔吐を繰り返し、大学の授業も出席できず、引きこもり状態であることなどを話すと、母親は「今まで聞いたこともないような話」と驚いた様子であった。その後、チカさんは「アルバイトをしているように言ったのは、祖母が毎月母親に内緒で仕送りをしていてくれたからであり、親との連絡はほとんどしていなかった。しかし、祖母はたびたび電話をしてくれ、励ましてくれている」「幼いころからおばあちゃん子だったが、実家に帰ると、母親の監視が厳しく祖母のところに行くことができなかった。しかし今回初めて母親に『これをしなさいとか、早くしなさいとか言わないでほしい』と言うことができた」などと語った。その後、「楽しいということが受け入れられる」と話して、好きなサッカーの話をしたり、妹と一緒にサッカーを見に行くようにもなり、退学届も自ら提出した。

4. 退学後から心理療法枠に収まるまでの経緯

　退学後、実家に帰郷することを勧めたが、「先生は殺人事件の報道を聞くことになります」と帰郷を拒否し下宿に留まったため、数ヵ月間は学生相談室で隔週の面接を継続していた。しかし、学生の来室者が増加し、すでに籍

のないチカさんが学生相談室を使用することが困難になったため、筆者は両親に対して、実家に引き取るか仕事ができるようになるまで、生活の援助をしてもらうように働きかけた。両親の提案で1年間は親から家賃の援助を受け、生活費は自分でアルバイトに出て働くことになった。この時以来、筆者は親に接触しておらず、親からも何ら連絡が来ることはなかった。1年後からは家賃の支援も祖母からの支援も全くなくなり、アルバイトを二つかけ持ちし、そのために対人関係のトラブルをたびたび起こし、過食嘔吐はエスカレートしていった。その間、筆者は時々研究室で面接をするなど卒業後のフォローを続けていた。その後、うつ症状を呈し、家賃、光熱費、電話代の滞納が続き、筆者の働きかけに応えない時もあり、筆者の脳裏に「孤独死」という言葉が浮かぶ時もあった。退学して数年後には、生命的危機がしばしば起こったため、筆者は自己破産の申請を勧め、役所に対して意見書を書いている。翌年にはチカさんは生活保護を受けることが認められ、役所との関係ができたことで、筆者の精神的負担は軽減し、チカさんは筆者が勤める精神科クリニックを受診し通院するようになった。クリニックに通い始めたころ、チカさんは30歳代になっており、家族や友人との交流はほとんどなく独り暮らしであった。

　医師の診断は「摂食障害」で、不眠を訴えたため、睡眠導入剤と、栄養ドリンクの処方を受けるようになった。クリニックの心理療法枠は毎週40分で、生活保護による無料相談であった。しかし、生活保護費が切れる月末近くになると、過食のため経済的困窮に陥り、水だけの生活になり、痩せ衰え動けなくなりクリニックへの通院もできなくなることがあった。そのため、時にはクリニックの受付で食べ物の提供を受けたり、筆者が食費を提供することもあった。そんな中で、「自分の好きな食べ物を作って食べると過食嘔吐はしない」との報告をしている。その次の年になって「今まで普通に食べることにはあこがれていたが、料理をしたいとか、部屋を片付けたいとか、お風呂で湯船につかるとか、おしゃれをしたいと考えたこともなかった。友達もいないし、その必要もなかった。福祉の人の家庭訪問があって、部屋を

第5章　発達障害傾向の若者の増加とイメージ体験　115

片付けたい気がしてきて、やってみたらちょっと落ち着いた」など、心の変化があったことをうかがわせた。筆者はチカさんの性格傾向を説明したり、自分の気持ちに目を向け、その動きを大切にするように繰り返し話すことが多くなった。

第3節　チカさんのイメージ表現

1.境界的イメージ体験と女性性の発見

　クリニックに通い始めた翌年の2月になって、時々自分の見た夢を話すようになった。以前から筆者が〈夢を見たら話して欲しい〉と言うと、それに応じる形で自分の夢に言及することがあり、何らかの意味があったとは考えられる。しかし、筆者がそれを取り上げて話題にすることはなかった。ここではクリニックに通院し始めて以降2年ほどの間に、チカさんが自ら語りだしたり記録してきた夢のいくつかを、面接の流れに沿って取り上げていきたい。

　2月の初めに【24時間受け付けの郵便局の通路で人が働いている】夢を、次の回には【2階建ての外見はさわやかな普通のオフィスだ、内側は水槽になっている。しかし、行ってみると、水槽からは水が漏れていて放っておくと水が出てしまうので、私はその栓を占めなければならない。早くしなければと焦っているが、私は誰かと一緒に栓を閉めることができ、案外あっさり解決する】夢を報告し、「誰かは先生（筆者）」だったように思う」と話したため、筆者は夢を記録するように提案すると、その後は夢の記録を持参するようになった。記録の仕方は、古びたレポート用紙に小さな字の鉛筆書きで、時間の流れや人の動きが箇条書きになっており、時々イラスト様の鉛筆書きの絵が描いてあることもあった。コピーをするお金がないので、下書きをチカさんが持ち互いに手書きの用紙をもって話を完成させていく状況であっ

た。2週目には【男性と2人で廊下を歩いている、私はくちばしクリップで髪の毛をあげながら歩いている。その後ろにまた男性が続いているが、その人が自分の好きな人】と【和室にせんべい布団で寝て、性的な夢を見ている。横に学生服を着た学生が正座をしている】、【おしゃれをした大学生の私。服をたくさん持っており、大学内を闊歩している】夢を記録してくる。筆者が読むように求めると、「読めない。書いてある通りです」と体を震わせている。〈何で？〉と問うと、「じゃ読みます」と嫌々ながら読み終え、「なんでこんな夢を見るのか分からなくて……」筆者は〈生き物になれた、性を持ってるし、おしゃれもしてる……〉と思わず笑ってしまうが、「すごい前の夢の気がして……わからない」と認めがたい様子。3週目には【きれいなマンションの一室、間接照明で暗く、周りをぐるりと蝋燭で囲っている。そこに私は誰かと居る】など。「たぶん先生といる」と話すため、筆者が〈心の仕事の必要性〉を話すと、「小さい時から自分はおばあちゃん子だったが、母親がそれを嫌っていたので、隠れておばあちゃんの部屋に行っていた。それも禁止されるようになって14歳からまともな食事をしていなかった、親はまともなものを作っていたけれど、全部吐いて肉体を拒否していた、飢餓状態で悟るという感じ」などと話す。4週目には【建物の2階が雑貨店、私の好きそうなものがいっぱい。1階はパン屋、天井が高く素敵な店、明るい店内、女子店員がかわいらしい制服を着てたくさんいる。私も店員の一人、気分がよくなく、外は雨】など持参する。〈女性が育っている……〉と言うと、「素敵な女性は憎しみの対象、気分がよくないのはその女にムカついているから」と語りつつ、「今ちょっとしたごみ屋敷に住んでおり、食べる時は鍋ごとで、お皿とかを使ったことがなかった。8年ぶりで掃除をしていたらそのころの食器や、料理の道具が出てきて、初めてしゃもじを使ってお茶碗でご飯を食べた。畳も見えてきてびっくりした。私は人間じゃなかった」。また、その日「親から、妹の結婚式に出席しなさいというメールが来たが、『出ません』と返した」と話す。

3月第2週には【青くて薄暗い、学校の長い廊下が見える。私は、狭いが

第5章 発達障害傾向の若者の増加とイメージ体験　117

教室のような部屋に仲の良い誰かと住んでいる。入り浸っている感じ】「ネットカフェに入り浸っていた時があって、不正アクセスで出入り禁止になった。言い逃れは上手なので見逃してはもらったけれど……私が誰かと仲良くするのは無理と思うのに、夢の中ではいつも誰かと居るのは不思議。偏差値さえ良ければ、他のことは許されると思って生きてきた」などと語る。第3週にも【校舎か病院みたいな建物の中。青くて薄暗い廊下を一人で歩いている。私は何も感じないのだが、廊下の突き当りはなくずっと続いており、窓の外は曇った日の午後で、何かいい感じ】などの記録を持参。「最近廊下を歩く夢をよくみる」と語った。

2.「場」の醸成と自我の目覚め

　その後3週間連絡がなく、4月の初めに手紙が届き、筆者が返事を書くと来室。極端に痩せている。「10キロほど痩せた。飴と水だけの生活で頭がもうろうとしていた。歩こうと思ったら足がつってなかなか歩けなかった。計画的にお金が使えず、頭の悪い子どもみたいなもの。歩けなくなるのも、実際なってみないとわからない。今は誰かに話したい事も、やりたい事も何もない、もうどうでもいい」と投げやりであった。それを聞くと筆者には涙があふれてきて、〈心配していることがわからない！〉と思わず口走ると、「『心配する』ということがどういうことなのか……」と口ごもる。その後も「食べ物と保護費のことばかりを考えている。意識のある植物人間。実家で食事をしていた時は普通のものを出されていたような気がするが内容が思い出せない」などと語る。そして極端な過食嘔吐をし、2週間ほどで保護費を使い果たし、月の後半は水と飴の異常な生活を7月になるまで繰り返していた。その間、筆者が食費を手渡すこともあり、その後には長い手紙が届いた。文章にまとまりはないが、語るよりも丁寧で、「自分は常識が理解できていないため、生活するためのアドバイスがほしい」など、気持ちや思いを伝えようとしていたと思われる。便箋や封筒もかつて買いためていた可愛いもの

118　第Ⅰ部　心理臨床実践における「私」の体験

で、「いつかこれで手紙を書きたいと思っていたけれど、書く相手がなかった」と綴られていた。6月末には【事務所みたいな無機質な部屋で、先生と助手が診断を下すことになっている。先生は少し躊躇しているが、結果は"トリプルZの末期がん"】などを記録して持参した。

　7月には「生きる気力がなくなり、空腹かどうかもわからないが、みそ汁だけをのんでいる」と語りつつ【小学校の先生になっている。いい雰囲気で子どもたちに7つの習慣について書いてある自己啓発書を読み聞かせている】を報告し、「子どもは大嫌いで、教師になりたいと思ったことはないのに楽しかった」と話した。

　7月末には「家中の電気製品が使えなくなり情けない。せめてサッカーの試合は見たい」とか、「体力がなくなって自転車を支えられずに転んでしまったので毎日歩いている。先生が『おいしい好きなものを適量食べるのがいい』と言っていたのを思い出し、取りあえず、かつおで出汁をとったみそ汁を作ってご飯を炊いて、牛丼や親子丼も作った。食事をちゃんと食べると、やり直したい気持ちがいっぱいになった」と涙した。また、「毎日お風呂も入るようになった。洗濯機もほしい、テレビも見たいと思うようになった」などと話した。その後、お盆休みを挟んで8月末には「空腹で動けない」とキャンセルしてきたが、主治医に点滴を勧められ来院して点滴を受け、受付ではお茶とお菓子の接待を受けることがあった。

　9月になって、「お腹がすくと眠れない。空腹になると体がどうなるかが解るようになった」とか、「今年が転機だと思う。人とのつながりは私の理解の外なので想像はできないけれど、働きだしたらいいことがあるかもしれない気もして、もうすこし生きてみたいような感じがする」と語った。次週には「なぜ人間関係に失敗したか、なぜやる気をなくしてしまったか考えてばかりいる」とか、クリニックの受付で茶菓子の接待を受けたことについて、「アカの他人の私のことを心配してくれたのでびっくりした。人間関係で誠意が実在するんだと……今まで自分のことを心配してもらう経験ができてないからわからなかった」などと語った。

第5章　発達障害傾向の若者の増加とイメージ体験　119

　秋になっても同様の状態は続いており、脱脂粉乳ばかりを大量に飲み始め、「何か食べないといけないと思うけれど、何を食べたらいいのか分からない」「早く死んだ方がいいのは私のような気がする」「一つわかったのは、私は自分が嫌いなんだということ」などと語り涙を流した。10月の最終週には「おいしいということについて考えていたら、思い出したみたいに急にパンが食べたくなったので思い切り食べた。結局吐いてしまったけれど、急に本が読めるようになって内容が頭に入ってくる感じがした。先生が『食べたい物を食べなさい』と言っていた意味がわかったような気がした。一回だけだけど珍しい体験だった」と話した。また、「漫画を描いたり、読んだりするのを禁止された以外は、勉強するためには何でもしてもらったし、恵まれていたような気がして、急に親に謝りたくなった」など、幼少期の様子にも触れ始めた。

　11月に入って、面接室の机の上にクレヨンがあるのを見つけ、「私も絵を描きたい」と希望した。「指示があると描きやすい」と話したため、風景構成法を実施した。長い時間をかけて完成させ、「高校入学後、全然描かなくなったけれど絵を描くのは楽しいかも」とか「色を塗っているとき、『気持ちがいい』という感覚を初めて体験したような気がする」と語った。次の週、自分で好きな料理を作る体験について語った後、「夜中夢を見て目が覚めた」と夢の話になった。【明るい黄土色の大きなシバ犬が『ワンワン』と吠えて自分を起こしに来る。目が覚めたら横にいてびっくりする】夢を報告した。そこからの連想で「高校時代に、実家で大きなシバ犬を飼っていた。ゴールデンレトリバーや、猫も飼っていた。家の人は『生類憐みの令』みたいにみんな大切にしていた。私はそれが嫌で無視していて、名前があるのに『犬』と呼んでいた」ことを語った。また、「スーパーで働いていた時、自分の名前を覚えられるのが嫌で、ただの『有象無象』でいいと思っていた。しかし、自分の名前は好き、偉い坊さんにつけてもらった『千の光』という意味がある」などと言及し「今は名前を持った自分を実感として感じられる」と話した。第3週目には、目新しいジャケット、ズボン、ブーツ、手袋（ただし左右別々

の物)を身につけており服装の話になった。「実家にいるときは、母親は自分のセンスが一番いいと思っているので、私の希望は全く無視され、母親のいいなりの服を着ていた。一人暮らしを始めてからは、マニアックなので気に入ったものは高くても買うようになった。靴なんかは雨が降ったら裸足になって靴は持って帰ったぐらい大切。大切なものだから、まともになったら使おうと思って大事においていたものばかりで、部屋の掃除をしていて発掘した。今はもう備えて待っている時間はない気がするので使ってみた」4週目には、脱脂粉乳ばかりを飲んでふらふらだが、外出するように努力している話に加え、「妹が10年ぶりに『ちょっと会いましょう』と言ってきた。家族とは10年間会ってない。便りのないのが良い便りと思っていたから何の便りもしていない。正月や盆に帰るのが常識らしいことは最近分かってきたが、まともな妹がいるので、私のことはどうでもいいかと思う」と淡々と話した。

　年末になって妹と会った後、高揚した様子で次のように話した。「妹は昔と少しも変わってなくて、ナイスなままだった。実家の犬が老齢で危ないので、実家に帰る途中に立ち寄ってくれたらしい。特別な話をしたわけではないけれど十分楽しかった。妹は普通に朗らかで明るくチャーミング。会う直前まで嫌がっていたけれど、今は妹と会ったことを考えるだけでニヤニヤしてしまう」「結論として、生きるのって素晴らしかったりするかも、まだやり直しができるかもと思える」しかし、次の週には前回とうって変わって「脱脂粉乳ばかりの生活で情けない。私には喜びを共有できる人がいないのに気が付いてつらい」と話した。その後、年度内に来院することはなかったため、筆者から来院を促す手紙を送った。

3.本物の「自分」へ

　新年を迎えて来院したときには過食嘔吐が少しおさまる傾向と見受けられたが、うつ症状は激化、主治医が点滴を勧めても拒否し脱脂粉乳とドリンク

剤で過ごし、痩せ衰えたように思われた。面接場面では「自分に自分がない感じ」とか「悲しみとか苦しみを持っていることがわからず、生きる原動力が生まれてこない」と涙ぐむことが多くなった。この時筆者から発達障害について話し、チカさんにはその傾向があることを指摘した。

3月には【大好きな妹を大きな刃物でめった刺しにする】夢を報告し「小さい時はよくケンカをした。高校時代にも殴り合いのケンカをしたが、私が幼稚だった」とふり返った。

その後も【誰か判らないが、刃物で人殺しをする】夢の報告をした後、「以前古本屋で知り合った外国人の男性とまた出会い、性的関係を持ち、3万円を盗まれた。もう夢も希望もない、部屋の片づけが済んだら死ねる」と話したため、筆者は〈性的関係は好きだと思える男性となら持ってもいいが、それ以外の人とは持たないこと〉また夢については〈頑固な男性性を殺せてよかったのではないか〉と語りかけた。

5月以降箇条書きにしたたくさんの夢の記録を持参するようになった。その中の一つ【中世ヨーロッパにありそうな地下水路へ行く階段を下りていく。水路につくと向こう側にも水汲み場がある。そこは広くて明るい。妹と地上に出てそちら側に行ってみる。明るくて水はきれいだが、探しているものは見つからない】夢のように中世ヨーロッパや地下通路、あるいは母親の実家（海に浮かぶ小島）を連想させる日本家屋の廊下や縁先、ときには海岸線や防波堤を歩く夢を報告した。現実生活は「自転車も盗まれ、電気製品のすべてとメガネや携帯も壊れ、毎日サッカーの本を読んで泣いている。まともになったら家に帰りたいが、終わりが見えず頑張れない」という状態であった。また、【生きたまま業務用ごみ袋に入れられて、土の中に埋められる。このままでは息ができないので、ビニールに穴をあけると息ができ、その状態から脱出できる】夢を話した日に、生理が回復したと報告した。

8月になって【妹と一緒にインテルのゲームを見たいと思ってパソコンでアクセスしているが上手くつながらず、番組コードが必要で焦っている。ゲームは始まっているのにコードがわからず、あちこちアクセスできる部屋

122 第Ⅰ部 心理臨床実践における「私」の体験

を探している】夢を報告。〈部屋じゃなく番組コードを探そう……〉と促すと、
幼少期からの妹との関係を「妹はまともでいい人だが、なぜかいつも母と
いっしょになって私を阻害し嫌っていた」と話した。次の週には「最近は恐
ろしい夢ばかり見て、怖くて目が覚める」と、【自分が工場で働いている。
昼間なのに暗い廊下を通りぬけて通用門を出ると崖の上、谷底が下で、働き
方をチェックされる】夢の記録を持参し筆者に手渡した。これに目を通して、
筆者は〈無意識はちゃんと働いているね〉と言い、「谷底が下」という表現の
不思議さ、今までの記録はほとんど箇条書きで文章になっていないことを指
摘した。するとチカさんは「自分についての一つの物語を書くのが嫌」と応
えたため、〈生きるというのは自分らしい物語を紡いで自分を作っていくこ
とではないか〉といった話をし、その後も生きることについて、少し突っ込
んで話し合えるようになったと感じていた。

4.その後の経過

　それから1年ほど同様の状態が経過したころ、筆者がクリニックを退職す
ることになり面接は中断し、時々手紙による交流を続けていた。そんな中で、
筆者はチカさんの夢の記録を論文にまとめたいと考え、久しぶりでチカさん
に会うことになり、彼女の家の近くのファミリーレストランでランチをとる
ことになった。そこで、筆者の論文にチカさんとの面接経過を使わせてもら
うことの承諾を得ると同時に、チカさんに、幼少期の思い出や毎日の生活で
感じることなどを、丁寧に書いてみることを提案した。そしてそれが、もし
かしたら、心の問題を抱えて生きにくさを感じている人たちに、役立つこと
になるかもしれないと話した。するとチカさんは「長い間、何の役にも立た
ずに生きてきたから、もし役に立てることがあるとしたら嬉しい。昔は文章
を書くのも絵を書くのも嫌いじゃなかった」と珍しく明るい表情で話した。
そのとき筆者はチカさんの治療者であることから降り友人関係を宣言し、
時々ランチタイムを持つことを提案した。するとチカさんは「自分は一人が

第5章　発達障害傾向の若者の増加とイメージ体験　123

好きで一人で生きていけると思っていたけれど、やっぱり誰かに支えられないと生きていけないんですね」とニヤリとした。筆者は〈そんなしょうもないことに、やっと気づいたんや〉と笑い飛ばし、その後月に1回程度、友人としてランチタイムを持つことになった。

第4節　発達障害傾向の人への心理療法の可能性

　前節ではチカさんとの面接過程の概略を述べてきたが、ここではそこから見えるチカさんの抱えた問題と、学生相談としての対応について、その後、発達障害傾向の人に対する、イメージを重視した心理療法の可能性について考えたい。

1. チカさんの抱えた問題

　学生相談室に来室当初、チカさんはうつ症状を呈し摂食障害を抱え、「この世の果てに来てしまった」と訴えた。しかし、長い面接経過を経て、筆者はチカさんは根底に発達障害を抱えているのではないかと考えるようになった。つまり、知的発達に比して情緒的発達に何らかの問題があるために、現実生活が困難になっていると考えざるを得なかったのである。具体的には、チカさんの語りの中で「外出ができない、食べることができない」と涙を流すことはあっても、そこに深刻さが感じられず、筆者の方が困惑することがあったこと。また、「心配するとはどういうことか」と質問したり、内的な話になると「実感がわかない」と語ることが多かったことなどである。さらに、幼少期は同居していた父方祖母に可愛がられているが、チカさんには嫁姑関係の不穏な空気を感じることができず、母親からは育てにくい子として愛情の対象になりえず、情緒的接触を十分に得られないまま知的高さにのみ期待をかけられ、思春期に発症した摂食障害も母親から気にかけてもらうこ

124　第Ⅰ部　心理臨床実践における「私」の体験

となく拒否されてしまった。それでも面接場面では、決して母親に怒りをぶつけたり、母親を非難することはなかった。一方では実家に帰って母親に近づけば、「殺人事件になる」という憎悪感を漠然と抱えていたと思われる。このようなことはチカさんの感情的な側面が極めて未分化で、怒りや悲しみさえ自らの心的体験になっていなかったと考えられ、幼少期から情緒的発達に何らかの問題があったことは間違いない。では、そんなチカさんに対して、学生相談として十分な対応ができていたかどうかをまず考えてみたい。

2. 学生相談としての対応

　チカさんの来室は4回生の秋であり、当時はほとんどの学生が就職内定を獲得し、卒業を待つだけの時期であった。その時、チカさんはまだ100単位余りを残しており、最低あと2年間の在籍が必要であった。チカさんにとって、単位を取得し卒業に向かうという意味では、危機的状況であったにもかかわらず、情緒的発達の未熟さゆえに、それが「危機」として感じられない、つまり、悩みを悩みとして抱えることができないことが、退学という結果になった理由の一つであろう。さらに、来室当初チカさんは、母親によって押し付けられた自分のプライドを守るために、自分自身についての情報を一切明かすことなく面接が始まっている。このようなことは大学内で行う学生相談でたびたびあることではないが、学生が家族や大学関係者に知られたくないために、匿名の形を採ることが無いわけではない。しかし、「この世の果てに来てしまった」と感じたチカさんは、彼女の主体的思いとして自らの情報を覆い隠そうとしたのではなく、母親のプライドを死守したいために一切の情報を明かすことができなかったと考えられる。この時、担当者である筆者が、チカさんの主体的思いの欠如、つまり発達障害傾向を見抜いていれば、チカさんのその後の人生は違ったものになっていた可能性はある。ただ、当時はカウンセリングや心理療法における「見立て」としても、精神医学における「診断」としても、「発達障害」あるいは「発達障害傾向」という視点そ

のものがほとんど認められていなかったために、来室当初にその視点を見逃してしまった。チカさんの場合は、生育歴上に何らかの心理的問題を抱えており、大学在籍中にたまたまそれが顕在化したことによる来室と考えられる。いずれにしても、その視点を持つことができていれば、チカさんに対してより詳しく大学での状況を聴き、より具体的な心理教育的接近も可能であり、学生相談としての関わりの不十分さは否めない。特に、発達障害者支援法の施行以来、今日では多くの大学で当然行われるようになっている担当教員との連携を早急にとっていれば、「君のような奴は来なくていい」というような冷たい言葉を投げかけられることはなかったであろう。また、専門教科としての丁寧な指導を受けることができていれば、チカさんが「先生と楽しく話せる大学生活をしたかった」と語ったように、チカさんのプライドを満たしつつ、人間関係を構築することや、情緒的側面の育成も多少はできたかもしれない。

　親との連携については、来室当初から、チカさんが下宿をしていること、摂食障害やうつ症状を抱えていること、言動の特異さなどから、筆者はその必要性を感じており、何度か両親に接触する提案をした。しかし、チカさんが激しく拒否したためなかなか実現しなかった。チカさんの両親と接触することができたのは、7回生の4月、在籍8年目になって卒業が不可能になった時点で、チカさんとの連絡が取れなくなったため、筆者が不安になり、携帯電話の番号を聞き出すため自宅に連絡をしたのが初めてである。その時、母親には全く危機感がなく、「本人が何とかする」といった様子であったため、筆者は打つ手を失い、チカさんの現状を話すことができなかった。その後、学部事務室の呼び出しを受けて両親が来学して、初めて両親と顔を合わせたのだが、両親のチカさんへの思いが、どこか「関係が切れた娘」といった印象を受け、チカさんが「申し訳ない」と言いつつ、「帰れば殺人事件になる」と語ることに納得してしまい、十分な働きかけはしていない。こういった場合学生相談として、どのような可能性があったのか、明確な答えを見出すことは難しい。しかし、発達障害傾向を抱える学生の多くが、親の方にも何ら

126 第Ⅰ部 心理臨床実践における「私」の体験

かの問題を抱えている場合が多々あることを考えると、学生支援の在り方についても、多様な方策を設定することが必要と思われる。またチカさんが不本意入学をしたその時点で、つまり、入学早期に問題を見抜き、早期支援が実施できていれば、両親のチカさんへの思いも繋ぎとめることが可能であったろうし、チカさんの大学生活は、もう少し豊かになっていたかもしれない。

このように、特に近年求められる学生相談室の学生支援としては、「発達障害」という視点が持てなかったために、不備な点があったことは認めざるを得ない。しかし、筆者自身は心理療法的手法を用いることを専門としており、チカさんへの対応もそこにぶれが生じていたとは考えない。そこで次に、3年間の面接過程におけるチカさんの内的体験について考えてみたい。

2.「主体性を育てること」としての学生相談

一流大学に再入学することを目指し大学には通わず、2年間の仮面浪人をした後、卒業を目指して授業を受け始めたが、それにも挫折して学生相談室に来室したチカさんにとって、主体的な思いとはどのようなことだったのだろうか。

チカさんは「楽しい体験をしたことがなく、それが悲しいということも理解できない」とか、「罰の部分を生きている」とも話しており、主体的な自らの人生を生きていたとは考えにくい。むしろチカさんは、生得的にも物事を感じる力が弱く、幼少期から自らの体験を、「喜び」や「悲しみ」として深く体験することができず、周りの反応に合わせて生きることを習得してしまったと推察できる。つまり、「成績が良く、母親は自分の可能性に惚れていてくれた」と彼女が語ったように、家族からの知的高さへの期待を一身に背負って生きてきており、自らの主体的な思いを家族からも育まれることはほとんど無かったのではないだろうか。あるいは、田中（2009）が発達障害傾向の人の特徴としてあげる「自分のなさ、空っぽさ、干渉されやすさ」を生来的に抱えていたがゆえに、チカさんは母親の思いを自らの内面に取り込

み、高い知的要求を真正面から受け取り、ブランド志向の再受験に取り組み、真剣に解決しなければならないと考えていたのである。そして、結果として両親や家の持つ価値観を自らの生き方として取り入れ、偽物の自我を育成してしまったと考えられる。しかし一般に学生が、「社会から守り育てられる者」から「社会の一員として何かを生み出す者」に変化する時期になって、ようやく自らの存在に違和感を覚え、「この世の果てに来てしまった」と主体的に感じたのであろう。言い換えれば、「この世の果てに来てしまった」と、チカさんの主体が初めて深い「孤独」として感じることができたのであり、学生相談室への来室こそ、チカさんの主体性の発見の時といえる。

　それでも、せっかく来室しておきながら、来室当初は偽物の自我から抜け出すことができず、極めて拒否的挑戦的な言葉を発して、継続面接も拒否していた。しかし、1ヵ月後には自主的に来室し、親にも話していなかった「過食症」であることも打ち明けている。また、その後は、悩みを悩みとして抱えることによって、うつや過食の症状は重くなり、授業からは遠ざかっていった。しかし、面接の予約は入れるようになって、学生相談室には根気よく来室するようになった。症状が重くなるのに従い、治療者はその状況によって時間枠を変更し、二者関係を構築するための努力をしていた。来室から約1年たった年の秋には、4年間なかった生理があったことを報告し、心身における女性性の成熟の兆しを認めることができた。また来室2年後には「川の向こう側にいる」大人の存在を感じ、「川を渡る必要性」を話し、さらに「母親と戦ってもいいと思える」と語っているのは、遅い反抗期をうかがわせ、チカさんにとっての主体性の成長と言える。

　面接3年目になって、ようやく、「楽しいと思うことを考えてもいい」と感じるようになってサッカーの話をしたりロックを聴くようになり、夢のメモを持参することもあった。あるいは「司法試験を受ける」とか、「通訳になる」と口走っては、それが「現実的ではない」と自己批判し、自らの存在を認識できるようになっていった。いよいよ退学の時期が来た時には母親に向かって、「あれこれ命令しないでほしい」と言うことができ、「楽しいことが受け

入れられる」とも語った。これらのことは、偽物の自我から脱皮し、チカさん自身が新しい自我を主体的に形成していったことを物語るものではないだろうか。

3. イメージ表現について

　世界とのつながりが切れたチカさんが、初めて語った夢の中では「郵便局」や「通路」というアナログで境界的なイメージ体験をしている。さらに、次の水槽の栓を閉める夢の水は無意識の流れをイメージでき、その栓を閉めることで、心の仕事をする準備が整ったと考えられる。治療者が、夢の記録を取るように提案してから記録してきた男性と歩いている夢は、「廊下」という場をつなぐイメージが浮かび、彼女が想像もしなかった好きな男性が登場し、夢自我はくちばしクリップで髪を上げるという女性的動作を顕わにしている。また性的夢やおしゃれをした自分の夢は、性を意識したものであるため、チカさんは書いてはみたけれど受け入れられず、まるで思春期の少女のように体を震わせ読むことを拒否したと考えられる。暗いマンションの一室の夢ではロウソクで囲まれた儀式的場面に治療者と共にいることで、受け入れがたい性をイメージさせる夢とも向き合う準備が整ったのであろう。そのことはその後に見た夢にかわいらしい制服を着た女性店員として登場したこととも合致する。それによって現実生活における自らの女性性の欠如に気付いていったと考えると納得できる。またそのころ偶然にも、妹の結婚式への出席を求められ、女性性を認め難いチカさんはそれを簡単に拒否している。その後も、学校や病院の廊下を歩く夢を繰り返し見ている。廊下は建物内外に存在する通路であり、部屋と部屋の間をつなぐ渡り廊下と考えれば、境界的世界を持ちにくいチカさんが、教育や治療という境界的な場をイメージすることができたと考えられる。また、歌舞伎『忠臣蔵』の「松の廊下」をイメージすれば、意地悪に耐えかねて恨みを晴らす場であり、それは後に家臣たちの行動によって武家社会の忠義物語として語られる、恨みと忠義の境界の場

である。また、現実的には外界との関係を全く持たないチカさんが、夢の中では「誰か」と共におり、その1ヵ月後には「小学校」という情操的な育ちの場で、それまで決して感じることのなかった「楽しい」体験を夢の中でしている。しかし、廊下を回廊とイメージすれば、出発しても元に戻ってくる特異な動きの場にもなり、田中 (2010) のいう「いかんともしがたい『産まれがたさ』を抱えている」発達障害者特有のイメージとも考えられる。さらに、先生と助手が診断を下す夢の"末期がん"に象徴されるように、チカさんの心の病は簡単に癒えるものではないことも感じさせ、チカさんにその現実を突きつけることになっている。

その後、4ヵ月近く夢の報告はなく、生きる気力を失い引きこもり、来院しても言葉が減り涙を流すことが多くなった。一方で、自ら食べたい料理を調理して「おいしい」と感じることや、お風呂に入って「気持ちがいい」ことや、生活に必要な品を「ほしい」と語るようにもなり、空腹感にも触れるようになった。こういったことは、イメージ体験の直接性が作用することで、錆びついた身体感覚を取り戻していったことを物語る。また、空腹時に他者から接待を受けて気遣われる喜びを通して、他者が自分とは異なった感じ方をすることや、チカさんが考える普通という言葉ではくくることができない、人々の存在を意識していったのではないだろうか。そういった体験をする中で、自らの幼少期の体験についても重い口を開き始めた。

さらに、自分から希望して絵を描き「気持ちがいい」という感覚も体験している。次の週には、シバ犬の夢に表現されたように、人にとって身近な情動的存在である犬の鳴き声によって目覚め、高校時代の家族の様子にも初めて触れている。そして犬の呼び名から「名前をもった自分」を実感し、自らの存在についても言及している。このことはチカさんの本物の自我の芽生えを予感させ、自分の名前への愛着を語るなど、彼女の内面に健康な自己愛が生まれてきたと考えることもできる。その後、自分の好みの服を身につけ「ヨーロッパにサッカーを観に行きたい」と将来の夢も語るようになり、妹と会った後には「やり直しができるかも……」と意欲を見せている。しかし、

130 　第Ⅰ部　心理臨床実践における「私」の体験

妹との出会いは自己の異質さや社会性の遅れも意識せざるを得ず、うつ症状を強めていった。うつ症状が激化する中で妹を刃物で刺したり人を殺す夢を見、チカさんの夢自我は人を殺すという形で古い自我を崩壊させ、現実のチカさんは外国人に騙され傷つけられ、本物の悲しみや苦しみを体験することになった。

　5月以降の夢はそれまでのイメージとは大きく変化し、中世ヨーロッパの夢に見られるような歴史を感じさせる水路に水を汲みに行き、「向こう側」に行きついており、境界世界から次の世界への移行を感じさせる。また、母親の実家という女性の関係をつなぐイメージの中で、廊下、縁先、海岸線や防波堤など、いずれも境界を表すイメージも語られた。しかし、現実には先が見えない苦しみを今までになかった実感として感じざるを得なくなった。一方で身体的には、異常な痩せ方をしながら生理が戻ってきたその日には、夢の中で、生きたまま土中に埋められていたチカさんは、自らビニール袋に穴をあけて脱出することができ、生き返ることができた。このように境界的世界を繰り返し体験し、世界とつながった本物の自我を生成しつつあるチカさんではあるが、インテルのゲームを見たいと思う夢の中で、コードを探すべきところを部屋を探したり、工場で働いている夢では「下は谷底」と書くべきところを「谷底が下」と記録しており、独特の微妙なずれが生じていた。そしてそれが他者との関係をギクシャクとしたものにさせていた可能性があると感じられた。しかし、夢の中では「自分」の好きなヨーロッパサッカーを観戦しようとしており、次の夢でも「私」が工場で働いており、心の深いところでは自分自身が動き始めていると考えることができる。しかし、こういったことを筆者が指摘すると「自分の物語」を作ることはできないと拒否している。これは恐らく、自分の現実に向き合うにはまだ時間が必要であることを、チカさん自身が感じ取っていたのであろうと思われる。

　それから2年ほど経過して突然のことであったが、筆者はクリニックを退職しチカさんとの面接を続けることが困難になった。精神科クリニック以外の人間関係がまったく無かったチカさんとの面接の場を失うことは、筆者に

とっても不安がなかった訳ではなかった。しかし、これは河合（2010a）の言う「隙間」や「切れ目」が生じたのであり、チカさんにとっては新しい生活を始めるチャンスかもしれないとも思われ、以前学生相談室という場を失う時のように、「孤独死」という言葉を筆者が思い浮かべることはなかった。

このように多くの夢を報告した2年間ほどの間は、チカさんにとって大きな人格変容の時期だと考えることができる。しかし、だからと言って現実的にチカさんの生活に変化が生じ、社会適応をしていったわけではない。では次に、チカさんのような発達障害傾向を抱えた人への対応の在り方について考えてみたい。

4.「場」の醸成と内的変容

河合は心理療法について解説する際に「心理療法においてはまず場を形成し、それをベースにして具体的な内容を話し合い、相談するという、いわば二段構えになっている」（河合, 2013）と、場作りの重要性を指摘し、場作りの具体的な方法として枠があるとしている。学生相談の場合、いつでも何回でも無料で面接が可能なため、一見無防備にも感じられるが、大学内部の人間同士であり「大学」という枠と、「相談室」という二重の枠が設けられ、場作りはできているともいえる。ただ、学生相談の目標が、一般的には学生が4年間で卒業し、社会へ出立することになっており、内的変容に焦点を当てるというよりは、現実的問題を取り扱いがちである。チカさんの場合も、学生相談として出会う中で、夢や箱庭に全く関心を示さなかったわけでは無く、筆者が求めると語りだすこともあった。ただ、その時のイメージがあまりにも、表層的で筆者の方が深く関心を持つことができずイメージを広げることができなかったように思う。しかし、退学後数年経過して、クリニックへの通院が可能になると、断続的ではあるが心理療法にも通うようになり、1年余りして夢を報告し始めた。これは河合の言う場づくりが完了した結果によるのではないかと考えられる。つまり、クリニックの面接室という枠を

得た上に、夢を報告するまでの間に、チカさんは主治医から、一般の精神科患者には処方することは稀なドリンク剤を処方され、受付女性からは食べ物の接待を受け、治療者からは食費に当てるための費用を援助されている。こういったことは一般には枠を破ることであり、精神科医療においても、心理療法としても治療的ではないとされる。しかし、あらゆる世界と切れたチカさんにとって、心理療法の枠だけで何らかの変化が可能かといえば、それは「ノー」だったのではないのだろうか。主治医にしても、受付の女性たちにしても、カウンセラーにとっても、人間として「止むにやまれぬ思い」がそこにはあった。そして、この「止むにやまれぬ思い」こそ、心理療法の枠以前の場作りとして求められることではあるまいか。ただ、IT化の波が押し寄せるころまでは、そういった場作りは、長い日本の歴史の中で母性原理が働き、自然に形成されていくものとされていた。しかし、今日の日本人は、自我が十分に確立されないまま、母性社会の根底も壊れてしまい、確かにあった「場」すら失ってしまっているのではないだろうか。とすれば、心理療法において豊かなイメージが生まれてくるためには、前章で扱った「母性的風土」づくりが求められることを、この事例は物語っている。もちろん筆者は、枠を壊した現実的な援助が必要だと主張しているわけではない。むしろ、枠を守ること自体が場作りであり、そこで豊かなイメージが生まれ、自由に動き始めるのだとは思う。しかし、現実が限界を超えたときには、人間の根底にある「止むにやまれぬ思い」がわき、それが母なる大地やそこに息づく自然や人々との交流によって生まれてくる共通感覚である「母性的風土」として作用したのではないだろうか。

　チカさんは大学を退学した時にはすでに20代の半ばを超え、親から見れば、独立して当然な年齢である。しかし、樹木が生育するためには最低限の大地が必要なように、チカさんが主体性を確立し自立するためには豊かな地盤、筆者が考える「母性的風土」と呼ぶべきものがチカさんの内面に存在しなければならない。しかし、チカさんの足もとには荒涼とした砂漠が弱々しく広がっていたにすぎない。恐らく、人間の心の成長は、単に母子関係の在

第5章　発達障害傾向の若者の増加とイメージ体験　133

り方や養育・教育といった線的な関係で育まれるのではなく、幼少期からの
自然との交流を含めた日々の体験を通して、人々の心の奥深くに母性的風土
として根付き、そのうえで心理療法も効果を発揮すると思われる。近年、心
理療法の効果を疑われるようになったのは、この母性的風土が育まれないま
まの人たち、言い換えれば、それらを実感として感じられない発達障害傾向
の人々が増加しているためではないだろうか。

　しかしながら、自然破壊が限りなく進み、意識をしなければ、人間が動物
であることすら忘れてしまうほど、自然との交流は減少している。さらに、
機械化・情報化は、想像を超えた形で人々の生活の中に入り込んでいる。こ
の現実の中で、母性的風土などという体験をすることは不可能に近いかもし
れない。しかし、だからこそ心理療法の過程で母性的風土を、治療者自身の
在り方やイメージを通して体験することが可能と思われる。その意味で、チ
カさんとの関係の中では、心理療法枠を破ることになってしまったが、「止
むにやまれぬ思い」をぶつけたことには意味があったと考えられる。これは
発達障害の心理療法において「『中立性』というスタンスの放棄——セラピ
ストが自らの主体をぶつけること」という田中（2009）の主張につながる在り
方である。チカさんの場合も、大学時代から治療者が彼女の発達障害傾向を
見抜き、大学への適応に主眼を置くのではなく、治療者の求めに応じて語る
表層的と感じられるイメージに対しても関心を向け深める努力を続けていれ
ば、枠を破ることなく豊かなイメージ体験につながっていたかもしれない。
このように発達障害傾向を抱えた人に対する心理療法は、長い時間を要する
ことではあるが、決して効果が期待できないわけではない。むしろ、さまざ
まな体験の機会を与えられ、周りの人々の温かな配慮も得つつ、個別面接と
して心理療法を継続していけば、大学生としての期間内にある程度の人格変
容を果たしていく可能性は高いといえる。今日、日常的生活においては、情
報化が進めば進むほど生の体験をすることは困難になっている。だからこそ
より積極的に境界的な体験、つまり、かつて日本人が共通感覚として心の奥
深くに抱えていた「母性的風土」を、イメージとして体験できるような心理

134   第I部　心理臨床実践における「私」の体験

療法的アプローチが必要ではないだろうか。

5.最近のチカさんとの対話から

　最近になって、チカさんは筆者とランチタイムを持った時、夢の内容は忘れてしまっていたようだが、「通路と階段の夢」の絵を持参し、次のような連想を話してくれた。

　「まだ3、4歳のころ、実家の家は祖父母が住む母屋と、両親と自分たちが住んでいる新居があった。その間には通路と階段があり、自分は祖父母にかわいがられていたので、しばしば母屋に遊びに行って、帰りには祖母が送ってくれていた。そこは電気をつければ、一人で歩くのも恐怖を感じないのだが、母親は祖父母への怒りを私に向け、罰として電気をつけることを許してくれなかった。その為、暗い通路や階段は私にとっては恐怖の対象で、今でも臆病なのはその時の体験があるような気がする」とのことであった。「通路」の夢はチカさんの夢の中に重要なテーマとして何度も登場してくるが、それは母と祖母との境界世界であった。そして、チカさんにとっては幼少期に母親の抱える悲しみや怒りをぶつけられた暗闇でもあるが、自由に振る舞うことができる場への境界でもあった。そのことをアラフォーと言われる年代になって、チカさんは意識にのぼらせてきたと考えられる。この話を聞くと筆者は胸が熱くなり涙が出そうになったが、チカさんは「それが当たり前の生活だったので……」と、さばさばした様子であった。そして、さらに続けて、チカさんが大学を去るころには、通路も階段もなくなり、そこにはモダンな庭が造成され、通路と階段でつながれていた家は2軒の家に区切られていたことを語ってくれた。これは、悲しみや怒りの暗闇でもあるが、自由に振舞うことが出来る場への通路や階段としてイメージされる境界が、今日では明確に切断されつつあり、そのことが情緒的つながりを持ちにくい発達障害傾向の若者を大量に誕生させていることと関連していると思われてならない。

第Ⅱ部

情報化社会に求められる日本人の
イメージとしての「母性的風土」

第6章

「母性社会」と日本の「風土」

第1節　「母性社会」の崩壊

1. 文化としての母性原理

　最近でこそ「母性」＝「母親」、あるいは「子どもの問題」＝「母親の問題」とする論調は下火になったが、敗戦後の混乱期から高度経済成長期には、母性が求められる子育てがうまくいかなくなると、「母性の喪失」「母親の問題」、ひいては『母原病』(久徳, 1979) という言葉まで出現し、多くの母親が自責の念に駆り立てられてきた。そのような状況下で、河合は『母性社会日本の病理』(河合, 1976a) を著している。これは1975年に『中央公論』のなかで「母性社会日本の"永遠の少年"たち」と題して発表された論考を、その翌年いくつかの論文と共にまとめ出版されたものである。その中で河合は、日本社会が母性原理の上に成立し、今まであまりにも母性と深く関わり続けたために、そこからいかに分離するかが重要な課題であると主張した。母性を文化や社会の問題として論じた河合のこの主張は、当時子育てを一身に担っていた筆者にとって非常に新鮮であった。

　その中で、ユングの母性の本質に対する論を「慈しみ育てること、饗宴的情動性、暗黒の深さ」と紹介し、母性原理については「肯定的な面において

は、生み育てるものであり、否定的には、呑み込み、しがみつきして、死に到らしめる面を持っている」としている。また父性原理については「『切断する』機能にその特性を示す」とし、「強いものを作り上げていく建設的な面と、また逆に切断の力が強すぎて破壊に到る面」があると説明している。そして、日本は母性原理の優勢な文化であることをあげて、親鸞の六角堂参籠の際の夢（西郷，1972）を紹介して、徹底的な受容による救済である菩薩像をあげて説明している。この母親殺しができない人たちについて、河合は「永遠の少年」という、ユング派分析家特有の言葉「元型」を挙げて次のように述べている。「永遠の少年」とは、もともとはギリシャにおけるエレウシースの秘儀に登場する永遠の少年神イアカスを指すが、母なる大地を母胎として冬には枯れ、春には芽生えてくる穀物の姿になぞらえ、「永遠の少年は成人することなく死に、太母の子宮の中で再生し、少年として再びこの世に現れる」。そして、この永遠の少年の元型が、日本文化の背景に強力に働いており、日本社会は母性原理を基礎に持った「永遠の少年」型の社会だと述べ、このままでは日本人はいつまでも少年であって成人になれないのではないかと指摘している。

2.「場の倫理」と「自我の確立」

　また、母性原理が強いため倫理観としては、日本では「場の倫理」が優先され、「場」の平衡状態の維持に最も高い倫理性を与えるとしており、父性原理に基づく「個の倫理」と呼ぶべきものは個人の欲求の充足、個人の成長に高い価値を与えるとしている。日本の倫理観は基本的には母性原理が優勢だが、欧米文化の流入によってさまざまな局面で、「場」と「個」の倫理が入り混じり混乱が生じているとも述べている。そのことは今日でもほとんど変わることなく、私たちも教育における「平等主義」と「能力主義」の議論の中でしばしば経験することである。身近な問題として挙げるなら、小学校や中学校の授業において、平等主義としての公教育では、能力の差が相当あって

も、授業内容はほぼ同一に行われ、能力別クラスに分けられることは少ない。そのため、能力の低い子どもにとっては理解が困難と感じられるが、能力の高い子どもにとってはすでに解りきったことと感じられ、どちらの子どもたちにとっても、退屈になってしまう危険性をはらんでいる。しかし、敗戦後欧米文化の影響を受けて70年以上たった現在でも、公立学校において能力主義を掲げるところはほとんどないと言える。さりとて、能力別にクラスを分けて授業を実施することになれば、親も子も教える側の教師も相当抵抗感を抱くことは間違いない。最近では、それを補う存在として「塾」が定着し、能力主義を実施することが公然となっているが、すべての人が塾に通えるわけではなく「平等主義」から見れば、悩ましい存在であるといえる。また、近年「障害者総合支援法」や「障害者差別解消法」が施行され、障害を理由に不利益を被ることがないように、教育機関ではそれぞれの努力が求められている。筆者が勤務する大学で成績評価などについて議論される場合も、何をもって平等とするか、成績評価における能力とは何かは、評価をする個人によって相当差が出る可能性があり、しばしば議論は混乱している。

　このように、河合の著作は日本社会の問題について、日本人の心の基層を文化として論じたものであり、時代の急激な変化にもかかわらず、40年を経た今日の日本人論として全く色あせてはいない。それのみでなく、さらに河合は今日の日本人への警鐘ととれるような指摘をしている。それは「最後に『自我の確立』について筆者の感じている強いジレンマを表明しなければならない」として、当時のアメリカにおいても、日本においても学校恐怖症とされる若者が多かったことをあげ、その差異について述べている箇所である。その中で、ユングがしばしば強調していたように、ヨーロッパの「土」からさえ切り離されたアメリカ人の自我を取り上げ、「アメリカは今まであまりにも切り棄ててきた母性をいかに取り戻すかという点で、大きい問題を持っているのに対して、日本では今まであまりにも接触を持ちつづけてきた母性といかに分離するかの問題に悩んでいる」と記している所である。そして、西洋的観点に立つと、日本社会は母性原理を基本に持った永遠の少年で

あるが、観点を変えると、「柔軟性のある、バランスの取れた構造」と考えられるのではないかと、日本神話のアマテラスの例をあげて説明している。つまり、西洋のシンボリズムにおける父性は、王様—太陽—天—右—（意識）で、母性は、王妃—月—地—左—（無意識）と表わされるが、アマテラスは太陽神であり、父親の左の眼から生まれてきたとされ、「男装して弓矢を手にした」とされる姿などから、母性原理の顕現として見ることに抵抗感があると表明している。そしてこのような日本神話のもつユニークな構造が、日本人のみでなく、世界に対しても、母性と父性の在り方において、第三の道を拓くものとして興味深い示唆を与えるのではないかと指摘している。そして40年前の結論として河合は、日本人は父性原理の確立に努力すべきではあるが、単純に母性から切れた西洋のモデルを取り入れるのではなく、「父性原理を確立しつつ、なおかつ母性とのかかわりを失ってしまわないこと」が大切であると主張をしている。

3.「父性と母性のバランス」と「意識化の努力」

　その後、河合は1982年になって、『中空構造日本の深層』（河合, 1982a）と題して、『母性社会日本の病理』（河合, 1976a）の続編ともとれる著作を発表している。その冒頭で、アメリカ・ペンシルバニア州にあるスリーマイル島の原子力発電所の事故を引き合いに出して「現代は不安の時代である」と述べている。ちょうど科学技術の急速な発達に伴う経済の高度成長に陰りが見え、科学の知が人々の幸福に寄与するばかりではなく、ひとたびそれが何らかの破綻をきたせば、ほとんど無力であることを人々が感じ始めたころである。日本においても、1964年の東京オリンピック、1970年の大阪万博、新幹線や高速道路の開通など、物質的豊かさが人々の心を躍らせ、戦後の貧しさから脱却し、一億総中流などと言われた時を経て、家庭内の葛藤が悲惨な事件を引き起こすこともしばしば起こり、不安な時代の幕開けのころであったと思われる。

第6章　「母性社会」と日本の「風土」　141

　ところで、私たち今日の日本人は、河合が不安の時代としたころから、何らかの解決策を見出し、そこから抜け出すことができたのだろうか。言うまでもなく、何ら解決できていないばかりでなく、対岸の火事であった原子力発電所の事故が、2011年には日本において現実のものとなり、今なお解決の糸口が見えてこない。更に、グローバル化によって、人々は簡単に地球の裏側の人々とも交流できるようになっているにもかかわらず、社会や政治の動きは自国中心主義、不寛容な風潮が広がり、軍備の拡大も人々の不安をあおることになっている。つまり、科学技術の進歩は超特急のようなスピードで走り抜けているにもかかわらず、人々の心と関連した倫理観や政治的動きは進歩や発展あるいは成熟したとは言い難い状況が続いていると言える。

　河合は、晩年小泉内閣において文化庁長官に就任し、政治の世界に足を踏み入れてはいるが、おびただしい数の刊行物の中では、政治的発言はほとんどしていない。しかし、『中空構造日本の深層』においては、父性との関連で相当踏み込んで、次のように発言している。それは、敗戦後の教育において日本人が受け止めた民主主義が、権力の否定であったため、かつて日本の家庭で権力を持っていたとされる父親の力が弱くなったことで不登校や恐怖症が増加したとされ、再び父権を復興させようとする動きが強くなったことについてである。河合によればもともと、日本人の心性は欧米との比較においては母性優位であるが、むしろ、母性と父性とのバランスを取り、中心を中空にして安定させていた。しかし、その中心が虚無感や無責任さとして感じられるとき、中空への侵入者として、強い父性を据えようとする。そしてその動きが、「日本が危ない」というキャッチフレーズによって国民感情に訴え、軍備費の拡大、憲法の改正、さらに徴兵制の復活にまでジャンプさせてしまう危険性をはらんでいると警鐘を鳴らしている。この指摘は、40年近く前のものであるが、今日の日本の状況を見据えていたのではないかと思うほど的確である。このような動きに対して、河合は「わが国には復興すべき父性などもともと無かった」という認識に立って、「西洋的な父性の論理へとジャンプすることではなく、日本人としてのわれわれの全存在をかけた

生き方から生み出されてきたものを、明確に把握していこうとすることである」と述べ、西欧的自我の確立はまず私たち自身の「意識化への努力」からと提言している。

このような河合の提案から年月を経て、私たち日本人は母性とのかかわりを持ちつつ、意識化の努力によって「個」の確立を成し遂げたかといえば、残念なことであるが自己主張は強くなったが、それが「個」の確立と言えるかどうかは疑問が残る。むしろ、近年の情報化社会への移行に伴って、筆者が日々の心理臨床を実践する中で感じることは、今日の若者たちの在り方が、「個」の確立どころか、今までとは「何かが違う」という思いであった。それは、河合が主張する日本人が長く触れ続けてきた母性原理そのものが、根底から揺らぎ始めているのではないかという危機感である。つまり、当時河合が、父性的力が強く自我の確立を急ぐアメリカ人に感じていた危惧と同様に、「母性」とのくっきりとした断絶があるのではないかと考えられた。しかも、アメリカ人が幼いころから努力を強いられる「個」の確立についても、日本の若者にとってはますます困難になっているのではないかという危機感である。それは、不安な時代であるにもかかわらず、それを感じることすら困難な人々が増え始めているのではないか、高石（2009）が指摘するように主体的に「悩めない」「巣立てない」、あるいは一般に脳の障害とされる発達障害、あるいはその傾向のある若者が増加しているのではないかと考えられることである。そしてそれらは、第4章で「母性的風土」として論じた境界的体験の喪失であり、第7章の『遠野物語』に表現された、近代化以前の日本人の生活にあふれていた自然との共生、神仏との交流といった境界的イメージの喪失であると考えられた。だからと言って、私たちは、科学技術の発展によって獲得した便利で豊かな生活を手放すことも、地球や宇宙への夢やロマンを捨て去ることもできない。しかし、それ故にこそイメージとして、自然との共生や神仏と交流する体験、つまり、境界的体験を持つことが心理臨床に求められている。とはいえ、すべての人が心理臨床の場を訪れるわけではない。むしろ問題や悩みを抱えながらも、何か手を打たない限り、

第6章　「母性社会」と日本の「風土」　　143

若者たちは「悩めない」「巣立てない」若者として取り残され、社会の片隅に追いやられてしまうのではないだろうか。そこで、次に母性社会を形成する基盤となる日本の風土について考えてみたい。

第2節　母性社会を形成する日本の風土

「風土」とは、一般にはその土地の気候や地形・地勢といった環境としての自然を表現した言葉だが、人間の文化の形成に影響を及ぼす精神的な環境を含む言葉でもあるとされる。『世界大百科事典』(加藤 (編), 2007) によると、その語源は古代中国発祥の用語で、元来は季節の循環に対応する土地の生命力を意味していたとしている。この「生命力」という語源を信じるなら、「風土」は自然の一部としての人間存在を語る言葉にふさわしいと言える。

　周りを海に囲われ南北になだらかに広がる国土をもつ日本は、南の島から順次春が訪れる。新しい年を迎えて草花のつぼみが膨らみ始めれば、多くの日本人が桜前線の北上を心待ちにし、わくわくする思いが、そしていくらかの人々には、ざわざわと煩わしい思いが湧き上がるかもしれない。「桜前線」という言葉は、日本各地の桜の開花予想日を線で結んだもののことで、カラーテレビの普及で、天気図が可視化されるようになったころから使われるようになったのであろう。そして恐らく、日本の天気予報でのみ聞くことができる言葉であろうから、日本の地形と関連しており、日本人が環境としての自然に心を動かされ、半ば自然と一体化した心を育んできたことを物語っている。日本人にとって「風土」を語ることは心理臨床学的にも意味のあることと思われる。

1. 和辻哲郎の『風土――人間学的考察』

　昭和10年、和辻哲郎は『風土――人間学的考察』(和辻, 1935/1979) を著し

ている。和辻がドイツ留学中にハイデッガーの著作から示唆を受け、あるいは限界を感じ、時間的ではなく空間的な人間存在について論じようと試みたもので、他の諸民族の文化との比較において、日本文化を位置づけた哲学的日本文化論と言える。その序言の冒頭で「この書の目指すところは人間存在の構造契機としての風土性を明らかにすることである。だからここでは自然環境がいかに人間生活を規定するかということが問題なのではない」とまず宣言している。

　「風土」と呼ぶものが「土地の気候、気象、地味、地形、景観などの総称」としながらも、この宣言は、和辻が「風土」を論じるときの姿勢として、その関係が人間の主体性を前提とするものであり、単に環境と社会とのつながりを対象として捉えるものではないことを強く主張したものである。この中で和辻は、モンスーン地域における人間の存在の仕方を「モンスーン型」と名付け「受容的・忍従的」であるとしている。しかし、同じモンスーン型に属するインドや中国とは異なり、日本は夏には突発的な台風が、冬には大雪が訪れるという熱帯性・寒帯性という二重性と、台風のように季節性と同時に突発性という二重性を有している。そのために日本人の受容性は「豊富に流れ出でつつ変化において静かに持久する感情である。四季おりおりの季節の変化が著しいように、日本の人間の受容性は調子の早い受容性を要求する」。そのために「それは大陸的な落ち着きを持たないとともに、はなはだしく活発であり敏感である。活発敏感であるがゆえに、疲れやすく持久性を持たない」「しかもその疲労は無刺激的な休養によって癒されるのではなくて、新しい刺激・気分の転換等の感情の変化によって癒される」と記している。つまり、モンスーン的な忍従性も日本人は特殊な形態をとると主張しており、「あきらめでありつつも反抗において変化を通じて気短に辛抱する忍従」であり、「きれいにあきらめる」とも表現している。また、このような受容的・忍従的特徴を「桜をもってこの気質を象徴するのは深い意味においても極めて適切である」と述べている。このような、一見相矛盾する心性を同時に持ち合わせた日本人の在り方を「しめやかな激情、戦闘的な恬淡」とい

うべき性格であると表現している。そして、その国民的性格を空間的に表現するのが「家」で「うち」と把握し、「外」つまり世間と区別され、「『うち』においては個人の区別は消滅する」とさえ述べている。

　和辻に影響を受けたフランスの地理学者・ベルク（Berque, A.）はその著『風土学序説』（Berque, 2000/2002）の日本版への前書きにおいて、フランス語版では「風土」を「エクメーネ」と「ミリュー」と二つの語で表現しているが、日本語としては「風土」と統一した訳語をつけたことを表明している。そしてその意図を「本書では、哲学と地理学において異なる形で取り扱われるいくつかの問題、すなわち存在という哲学の問題と、地球という惑星の自然環境の多様性と人間のさまざまな社会との関係という地理学の問題を〈総合〉すること、統一して示すことを目的としている」と記している。そして、日本の風土を研究することによって、風土を知的な意味だけでなく「感覚的な意味」で理解したと述べている。またこの著作の目的が「地理学的であると同時に、わかちがたく存在論的なこの関係を分析すること」であり、「これを風土（エクメール）と呼びたい」とし、さらに、この言葉が、「大地と人間について語る古いギリシャ語oikoumenêという女性形の語をもとにしたもので、大地は人間的なものであることを示し、人間性の大地を問題にする」と語っている。その上に、現代の地理学の用語ではエクメーネは「大地のうちで、人間が居住する部分」「人間の風土とは大地の拡がりに対する人間集団の関係」と注釈を加えている。つまり、「風土」は本来的に人間の存在を抜きには考えられないものであり、女性性を帯びた言葉で、中国の語源も加味するなら、生命を生みだす力を持ったものであると言うことができる。

2.「風土」と「母性的風土」

　「生命誌（Biohistory）」という考え方を提唱している中村は「風土」という言葉で語られる自然は、主体であるそれぞれの人間が、具体的に感じとる「自然」であり、その土地特有の寒さに耐えるために独特の様式の家を建てる習

146　第Ⅱ部　情報化社会に求められる日本人のイメージとしての「母性的風土」

慣のように、そこに暮らす人の「精神構造に刻まれて具現化しているもの」（中村, 2013）と説明している。またこの時の自然とは、生のままの自然ではなく、人間との関わりの中で生まれてきたもので、「棚田」に象徴される。棚田は急斜面の小さな土地をそのまま生かしつつ、徹底的に手を入れて生産の場にしながら、圧倒的に美しい田園風景を作り出し、生の自然より以上の自然を感じさせるとしている。このことは日本の代表的伝統文化である茶湯において、茶室の「一輪の花」が自然の中で咲く以上に自然を表現するのと同じである。このような日本人の在り方を中村は「自然の中にある」という感覚をもつことであり、この時の「日本人」とは、「日本列島の自然の中に生きてきた人」と捉えていることをわざわざ記している。このような中村の主張は、筆者が思い描く「母性的風土」のイメージと合致するものである。

　また、和辻の「うち」においては「個人は消滅する」という「家」論は、当時の時代背景と相まって、家意識が強要された面もある。しかもその家意識は、敗戦後の民主的社会になっても、すぐにそこから解放されたわけではなく、それゆえに苦しんできた人々と出会うことが多かった心理臨床の現場から考えると、文化として肯定するにはつらいものがある。しかし、このことは日本人にとって、自我を確立することや意識化することの難しさと関係しており、「風土」は、「母性」や「父性」と同様、肯定的なイメージだけで捉えられるものではない。つまり、日本人の存在の在り方としての、和辻の表現する風土とは時勢を達観したものであり、人間の深層と深くかかわっていると言える。それについて岩波文庫の『風土』の解説の中で、井上は「それはもっぱら天才的な芸術的直観によるもの」（井上, 1979）と記している。ベルクもまた、『風土としての地球』（Berque, 1990/1994）の中で「私の出発点は、和辻の基本的なあの直観である」とし、そして、風土は「主体と客体との間にあるもの」としており、「風土」を境界的イメージとして捉えていると言える。

　このように先人たちによって語られる「風土」は、日本列島という地理的条件の下で、長い時間をかけて培ってきた日本列島に住まう人々の、精神構造の基盤と表現できるであろう。そしてそれは、元々命を生み出す母性的な

ニュアンスを含むが、筆者はあえて「母性的風土」と表現したい。ところが、現実にはこの「母性的風土」そのものが、今、崩壊や消滅の危機にさらされていると言える。その最も大きな要因は、人々がパソコンやスマートフォンといった機器にさらされて過ごし、大地に根付く体験が極端に減少し、時間や空間との適切な距離が持てなくなっていることであろう。しかも、近年頻発する地震や津波といった自然の脅威や、テロや核といった国際社会の混乱に乗じて、父性的力へ突然のジャンプをして、そこに依存しようとする動きが強まっているために、日本人が本来持っていた母性的風土を培う努力を放棄し始めたためではないだろうか。

　そこで、長い時間をかけて人々が培い、具体的に感じる自然としての「母性的風土」とはどのようなものであろうか。次章では、近代化以前の人々を描いた『遠野物語』を、第8章では『本覚坊遺文』を読み解くことで、「母性的風土」に具体的に触れてみたい。

第7章
『遠野物語』にみる日本人のイメージ

第1節　柳田国男と『遠野物語』

1.テキストとしての『遠野物語』

　第Ⅰ部において筆者の心理臨床実践を通して、イメージが大きな働きをすることを述べてきた。特に、意識と無意識、母と子、この世とあの世といった境界的なイメージは人がこの世にとどまり続けることを可能にする「母性的風土」としてイメージされるものであり、境界的な体験を持つことが、心理療法にとっては重要であることを論じてきた。では、その体験とはどのようなものであろうか。恐らく日本の近代化以前には、ごく自然に人々の身近に存在し、人々の意識と無意識の間に混濁した状態のまま、生き方の知恵として身についていたものではないかと考えられる。

　そこで、ここでは柳田国男の『遠野物語』（柳田，1910/1973）を取り上げ、伝承として語り継がれてきた近代化以前の人々の生き方を、心理臨床の視点で論じたい。『遠野物語』を取り上げたことに関しては、第一に近代化の流れの中で切り落としてしまった自然と一体化した豊かな境界的イメージが息づいており、これを読むこと自体がイメージ体験であり、体験不足を根底に持った人々への心理臨床をする上で意味があると感じられたことである。第

二に、簡潔な文語体で執筆された短い物語には、いずれもそこに生きる人々と、著者である柳田との間に絶妙の距離感が存在し、そのことによって地域の伝承とされながら、かえって人々の生活を現実的に伝えていると考えられる。また、河合は『遠野物語』の意識の在り方を分析する中で、「意識も無意識も主体としない心理学を教えてくれるのが遠野物語ではないか」（河合俊雄, 2008）と問いかけており、『遠野物語』のイメージを論じることは、境界的イメージ体験を論じることであり、筆者の考える母性的風土とはどのようなものであるかを、生き生きと伝えることができると考えたためである。

2. 柳田国男の生涯

　明治、大正、昭和を通じた柳田国男の88年間の生涯と、その仕事に対する評伝については、夥しい数の書物が編まれている。そのことは柳田が20世紀を代表する文化人であることを物語るが、彼の仕事はその出自や経歴と深く関わっていると思われる。特に柳田が『遠野物語』を執筆するに至った、あるいは執筆せざるを得なかった彼の思いは、意識的であれ無意識的であれ、柳田の生きた時代や時代背景との関連を無視することはできない。そこで、まず柳田がどのような人生を歩み、その時代がどのような背景を持っていたかについて簡単に触れたい。そうすることによって、柳田が伝承物語として『遠野物語』を書き記した以上の意味を見出すことができると考える。

　『柳田国男伝』（後藤（監）, 1988）や『故郷七十年』（柳田, 1974）によれば、柳田は1875年（明治8年）兵庫県神東郡辻川に、父、松岡操と母たけの六男として誕生する。「辻川」は兵庫県姫路市から15キロほど北に入った農村で、但馬国生野と播磨の港とを結ぶ生野街道と、加西郡北条に繋がる東西の道が交わる地である。「辻川」の「辻」とは人が多く集まる所をさし、そこでは「辻説法」や「辻談義」が行われ、交易や芸能が営まれる「境界」を象徴する地である。父親は漢学や医学に通じる在村の知識人であったが、世間知らずで、家庭はしっかり者の母親が切り盛りしていた。国男5歳のとき、若くして小

学校の校長になっていた長兄が結婚するが、小さな家に二世帯が同居したため、嫁姑の折り合いが悪く、兄嫁は1年後に実家に逃げ帰ったという。その後近村からもらった後添えも、程なく逃げ帰り、彼女は実家からも追い出されて、入水自殺を図ったことから、長兄も深く心を傷めていたとされる。この兄夫婦をめぐる一連の出来事は幼い国男の心にも深く刻み込まれたと推測することができる。

　また10歳になった国男は兵庫県加西郡北条で厳しい飢饉を体験しているが、そのことが、後の「常民」学としての民俗学に自身を引き寄せたと回想している。13歳になった時、校長職を辞し苦学の末医者となり茨城県北相馬郡布川で開業していた長兄にひきとられた国男は、2年間奔放な少年時代を過ごす。しかしそこは長年激しい飢饉に見舞われた地で、公然と嬰児の間引きが行われ、地蔵堂には悲惨な間引きの様子を描いた絵馬があり、それを見た国男少年は強い衝撃を受けている。

　1890年になって国男は布川から上京し、後に歌人としても知られ、開業医となった次兄井上通泰のもとに身を寄せ、森鷗外、田山花袋、島崎藤村、国木田独歩とも親交を深め、文学青年としてしばしば『文学界』に短歌を発表していた。一方で、日本を代表するエリート校である第一高等学校から、東京帝国大学法科へと進学し、当時としては新しい農政学を学ぶことになる。しかし、高校在学中に両親の急逝という不幸に見舞われ、感傷的になりがちな青年期に深い喪失体験をしたことがうかがえる。大学卒業後は農商務省に勤務し、農政エリート、農政学者として活躍した。当時は明治政府が富国強兵を唱え、工業化を推進しており、柳田は農業を重要産業と捉え、小百姓、労働者のための政策の必要性を主張し、独自の農政理論を展開している。この柳田の主張が先駆的であったことは後に明らかになるが、当時の正統的農政学とは対立し、柳田の関心は徐々に農政学から離れ、民俗学へと移っていった。その間に、国男は26歳の時、大審院判事であった超エリートの柳田家の養子となり、松岡国男から柳田国男となり、29歳になって柳田家の娘孝と結婚する。養子となった事情は柳田自身もほとんど触れておら

ず、柳田の大きな謎の一つといわれている。

　そのころ、農務局から法制局参事官、宮内書記官を歴任し、3ヵ月にわたって九州を旅し、椎葉村に入り、狩りの故実の話を聞く。翌年1909年、柳田34歳の時、山人論三部作といわれる『後狩詞記』『石神問答』『遠野物語』を刊行し、遠野にも実際出向いている。しかし、このころ帝国日本は植民地政策を推し進めており、その政策上の必要性から柳田は全国各地への旅の生活をおくっていたと考えられる。さらに柳田は朝鮮併合にも直接関わり叙勲もされている。このように1919年貴族院書記官長を辞任するまで20年近い間、高級官吏として日本の植民地政策に貢献しながら、一方で代表作とされる三冊の山人論を著している。このことから植民地政策による無限の拡大を目指す帝国日本のエリートである柳田の内面で相当大きな解離が起こり、その表現方法として原始へ回帰し、山人論を書かざるを得なかったのではないかと、筆者には思えてならない。つまり、『遠野物語』は遠野の人である佐々木喜善によって語られた、遠野の民間伝承とされているが、実際には柳田自身の体験と深く関わり、柳田の心理的必然性から描かれた、柳田自身の物語であると考えることも不可能ではないと思われるのである。

3.柳田国男の『遠野物語』

　いずれにしても日本の近代化史上特異な存在である柳田国男によって生み出された『遠野物語』は、今日まで広く人々の心を捉え、活発な議論が交わされ、夥しい数の出版物が刊行されてきたが、筆者には『遠野物語』の真価にはまだ手を付けられないまま見過ごされているように思われてならない。その一つは『遠野物語』を書いた柳田の人格的側面、つまり、柳田の人生や作品の外側の姿ではなく、柳田自身の内面についての分析である。具体的には、柳田は近代化の流れの中で、西洋の思想と文化を新鮮な感覚で吸収しているにもかかわらず、キリスト教的思想に一定の距離を置いている。むしろ、民衆の底辺にはキリスト教以前の神々への信仰があることを、ハイネ（Heine,

H.) の『流刑の神々』(Heine, 1853/1980) から学び、それが柳田学を確立する契機になったと中村 (1974) が指摘しているが、そのことについて柳田自身の心のありようは深く議論されていない。もう一つは、『遠野物語』で語られたことが、民間伝承として真実かどうかとか、誰の書いた『遠野物語』が生きられた伝承世界を表現しているかという問題ではなく、柳田の手によって簡潔な文語体で書かれた『遠野物語』そのものを、人々の内的現実として捉え考察することである。これが遠野の方言ではなく文語体で書かれたことからは、単なる伝承としてではなく、物語に普遍性を持たせ、人々の内的現実として捉える柳田の無意識的意図を感じることができる。そこには日本人の多くが無意識の奥深くに追いやった、生と死にまつわるイメージがあふれている。

　そこで、ここでは後者の課題、つまり、遠野で生まれ、柳田によって記述された歴史や民俗に関わる物語を取り上げ、イメージを広げ、人間の生きる智恵、さらに言えば、生きとし生けるものにとって、少しずつ確かに近づきつつある死について学び、生と死の境界イメージを垣間見ることで、それを心理臨床に役立ててみたい。

　物語については、河合は「そもそも心理療法というのは、来談された人が自分にふさわしい物語をつくりあげていくのを援助する仕事である」と述べ、「何かを関係づける意図から物語は生まれてくる」(河合, 2003) としているが、『遠野物語』は、その一話一話が、人を神々や自然と関わらせ、大地に根付かせる働きをし、筆者には心理療法と同様のプロセスを描いているように思われてならない。

　全体の構成からみると、『遠野物語』は119の短い話が特別な意図をもたないまま、順次語られていくようにみられがちだが、実は綿密に計算され、深く心に納まるように構築された物語といえる。序文の次は「目次」ではなく「題目」として、番号をつけることなく話のテーマが34個挙げられている。一番目は「地勢」、二番目は「神の始」で、最終は「歌謡」となり、話の流れと一致するところもあるが、テーマは行きつ戻りつしながら描かれ、第一話から百十九話までの番号と内容が一致するわけではない。このこと自体、心

理療法の経過を語っているようでもある。大まかに見ていくと、初めに遠野の地形とその成り立ち、次に遠野の三山に住する女神の謂れ、山女、山男が続き、花や鳥、猿や狐といった動植物、河童の話や昔話も語られ、最後百十九話は、獅子舞の時に古くから歌われていた、めでたい内容の歌謡である。しかし、その間の話の大部分は、神々の話や家の盛衰、山の霊異や姥捨てにまつわるもの、魂の行方など、死にまつわる内容で、まるで能の演目を見ているようにも思われ、「物語」として不思議な流れを感じることができる。この流れにできるだけ沿いながら、しかし、描かれたテーマについて、いくつかの物語を拾い上げてイメージを広げてみたい。

第2節 『遠野物語』のイメージ

1.プロローグ

　『遠野物語』は「地勢」から始まるが、それによると遠野は「山奥にしては繁華の町」で南北の川の落合いにあり、以前は「七つの渓谷各々七十里の奥より売買の貨物を集め、其市の日馬千匹、人一千人の賑はしさなりき」と描かれ、柳田が誕生した「辻川」の地を連想させる。しかし、言い伝えによると、遠野の地すべてが大昔は一面の湖水だったことが語られ、「遠野郷のトーはもとアイヌ語の湖という語より出でたるなるべし」と註釈をつけ、何とも幻想的な地であることを匂わせている。第二話は、遠野は四方を山々に囲まれているが、その中でも最も秀でた早池峰山と、それより低い六角牛山と石神山があり、その山にまつわる話である。大昔に女神が三人の娘を連れてその地を訪れ、「今夜はよき夢を見たらん娘によき山を与うべし」と言った。そこで三人は眠り姉の胸の上に霊華が舞い降りるのだが、それを姉たちに気付かれないように末娘が自分の胸の上に置き、それによって、末娘は早池峰山を得、姉たちはそれぞれ六角牛山と石神山を得、今日までそこに住ん

154　第Ⅱ部　情報化社会に求められる日本人のイメージとしての「母性的風土」

でいる。そのため姉たちの嫉妬を恐れて、今も遠野の女性たちはそこに近づかないという。山々、夢、女神、嫉妬などと、「夢幻」と「情念」という此の世ともあの世とも区別のつかぬイメージから『遠野物語』は幕を開ける。

2. 男女の境界と異界との交流

　男女の境界は山男山女の話として第三話から九十二話までの間に十二話語られているが、まず第三話を取り上げてみる。

　　山々の奥には山人住めり。栃内村和野の佐々木嘉兵衛と云う人は今も七十余似て生存せり。此翁若かりし頃猟をして山奥に入りしに、遥かなる岩の上に美しき女一人ありて、長き黒髪をくしけづりて居たり。顔の色極めて白し。不敵の男なれば、直に銃を差し向けて打ち放せしに弾に応じて倒れたり。其処に駆け付けて見れば、身の丈高き女にて、解きたる黒髪は又そのたけよりも長かりき。後の験にせばやと思ひて、其髪をいささか切り取り、これをわがねて懐に入れ、やがて家路に向ひしに、道の程にて耐え難く睡眠を催しければ、暫く物陰に立寄りてまどろみたり。其間夢と現との境のやうなる時に、是も丈の高き男一人近よりて懐中に手を差し入れ、かのわがねたる黒髪を取り返し立去ると見れば忽ち睡は覚めたり。山男なるべしと云へり。

　彼らは山深くに出没し、黒髪が長く美しい女と思っていると、背の高い男として現れ男女の境や区別は無く、弾で撃たれ死ぬことで男女が出会い、睡気をもよおし「夢と現の境のようなる時」、つまり、意識と無意識の間にことは起っている。

　また第七話の、神隠しの話では、女性が男性にさらわれ、恐ろしいが逃げ出すこともできず、子を生むが子はその男に殺されるか食われてしまう。異界の男性との交わりは、「食われる」「殺される」というテーマで登場する。

第7章　『遠野物語』にみる日本人のイメージ　155

残忍な話だがさらりと語っており、運命を受け入れる女性の姿と死を身近な
ものとして感じさせる。

　山女はしばしば「女の呼び声」や「叫び声」として登場する。九話では笛名
人の老人が月夜の晩、峠を越え深い谷に入ろうとするとき谷底から呼び止め
る声を聞いて逃げ帰る。十話は深夜に奥山へ入った男が女性の叫び声を聞い
た夜、自分の妹が息子に殺される。二十九話から三十五話までは人々がめっ
たに入らない深い山に狩りに行った猟師や、茸採りに入った村人が出会った
山男や山女の話で「坊主」「異人」と称され、ここでも女は「叫び声」として
描かれている。ここに登場する深い山や異人、叫び声は異界を連想させ、音
や声が異界と交流し死を招き入れている。

　第二十七話は早池峰山から宮古の海に流れる閉伊川の流域に伝わる伝説
で、若き女から一通の手紙を託され、その使いを果たすことで、米一粒を入
れて回すと黄金が出る石臼をもらい、その家は少し豊かになるが、妻が欲深
くたくさんの米粒を入れると、石臼は自ら盛んに回り、遂に見えなくなって
しまう。自然の限界を超えることで物事が逆転する話で、日本の昔話にはし
ばしばみられるテーマであるが、これらは無欲さや正直さに自然界や異界は
重い価値を置いていたことを物語る。同様の話は六十三話で、次のようなも
のである。

　　　小国の三浦某と云うは村一の金持なり。今より二三代前の主人、ま
　　だ家は貧しくて、妻は少しく魯鈍なりき。この妻ある門の前をながるゝ
　　小さき川に沿ひて蔬を採りに入りしに、よき物少なければ次第に谷奥
　　深く登りたり。さてふと見れば立派なる黒き門の家あり。訝しけれど
　　門の中に入りて見るに、大なる庭にて紅白の花一面に咲き鶏多く遊べ
　　り。其庭を裏の方へ廻れば、牛小屋ありて牛多く居り、馬舎ありて馬
　　多く居れども、一向に人は居らず。終に玄関より上りたるに、その次
　　の間には朱と黒との膳椀をあまた取出したり。奥の座敷には火鉢あり
　　て鉄瓶の湯のたぎれたるを見たり。されども終に人影は無ければ、も

156 第Ⅱ部 情報化社会に求められる日本人のイメージとしての「母性的風土」

しや山男の家では無いかと急に恐ろしくなり、駆け出して家に帰りたり。（後略）

　その後、川で仕事をしていると、川上から先ほど見た赤い椀が流れてくる。それを穀物を測る器として用いると、この家は幸運が続き、村一の金持ちになる。ここでも無欲な妻の存在が家を救っている。この話に出てくる奥深いところに現れる家を「マヨヒガ」というが、「マヨヒガ」は情景が豊かで、その意味も音の響きも異界のイメージがわく。

　第六十五話から六十八話までは、昔栄えた安倍氏にまつわる伝説である。特に六十五話は七十一話と共に、柳田が「姥神」と名づけた話で、早池峰山の奥には安倍ヶ城という岩があり、そこには安倍貞任の母親が住んでおり、その老女は念仏者だが、邪宗らしい信仰を持ち、阿弥陀仏の斎日には夜中に祈祷をし、それが権威を持っていたという。これは異界と交流する老女が信頼と権威を持ち得たことをうかがわせる。

　第七十五話から八十三話までは「長者」とか「物持ち」と言われた家の様子や家の中で起こる不思議な出来事が語られ、一般的な家の造りと大洞万之丞の家の図面が記されている。話の内容は、工場の人夫が夕方になると女に連れ去られる「神がくし」と思われるものや、軒下に死者と思われる人が横になっているが朝には消えているといった「まぼろし」に出合った話などである。赤坂（1994）はこれらに登場する異界や他界への通路として、家の「軒下」や「門口」、庭の「垣根」や「石」を挙げているが、それらは閉塞感のあるものではなく、ほとんど形が無く、隙間のある空間である。このことは生死を含めた物事の境界が当時は極めて風通しの良い空間としてイメージされていたことがわかる。

3.動植物と人々の関わり

　深い山に囲まれた場であれば当然のことであるが動植物との交流も盛んに

行われている。十五話から十八話までは家の神にまつわる話である。その中で「オクナイサマ」は大同と言われる旧家に祭られ、それを祭ると幸多いといわれている。神体は桑の木を削って顔を描き、四角い布の真ん中に穴をあけて衣装にしている。つまりちょっと手を加えられることによって木は神になりうる。正月十五日には村人が集まりこれをお祭りする。オクナイは「屋内」や「奥内」を連想させ、家の内でもあり心の内でもあると考えることができる。「オシラサマ」も「オクナイサマ」と同様の神だが、六十九話に老女の語った異類婚の話として登場する。その一部を取り上げてみる。

　　昔ある処に貧しき百姓あり。妻は無くて美しき娘あり。又一匹の馬を養ふ。娘此馬を愛して夜になれば厩舎に行きて寝ね、終に馬と夫婦に成れり。或夜父は此事を知りて、其次の日に娘には知らせず、馬を連れ出して桑の木につり下げて殺したり。その夜娘は馬の居らぬより父に尋ねて此事を知り、驚き悲しみて桑の木の下に行き、死したる馬の首に縋りて泣きゐたりしを父は之を悪みて斧を以て後より馬の首を切り落せしに、忽ち娘は其首に乗りたるまゝ天に昇り去れり。オシラサマと云うは此時より成りたる神なり。

　馬と娘との結婚と、それを嫉妬する父親像は性的でもあり暴力的でもある。赤坂は「生産力の象徴である馬＝異類と処女が交わることで、共同体に超自然的な外部の力を導きいれる呪術的な語りの装置」(赤坂, 1994) としている。また、馬と人間の関係が性的関係で表現されていることからは、人間と動物の関係が極めて親密であったことがわかる。いわば人と馬は同等に一体化し、馬が共同体の重要な構成員であったといえる。ただし、六十九話は「オシラサマ」の由来譚として語られているが、赤坂 (1994) によると、盲目の巫女であるイタコが、死者の口寄せをする際に唱えた祭文で、祭りの庭でのみ語ることを許された秘伝の物語であるという。そこから連想されるのは死者と動物との深いかかわりでもある。男女の関係が「食う」「殺す」と表現

されるのに対して、動物との関係は親密で熱烈である。

　また、十九話から二十一話までは、茸を食べた事や蛇を殺したことで家が傾き、狐と親しくなり家を富ます術を得たなど、いずれも動植物が家の盛衰に深く関わっていたことをうかがわせる。さらに三十六話から四十九話までは、狼、熊、猿、鹿など動物が次々と登場する。特に狼については馬を襲う恐ろしい、しかし賢明な存在として、数個のエピソードを記している。中でも、ある年の秋に萱を刈るために、六角牛山に出かけた飯豊村の村人が、岩穴で仔狼を見つけ、そのうち二匹を殺し一匹を持ち帰ると、その日から狼は飯豊村の馬だけを襲い続けたという話が印象的だ。恐ろしい存在でもあるが、人間と同様の憎しみや怒りをもつ存在としても描かれ、「御犬」と尊敬をこめて呼ばれている。

　五十一話は、長者の娘と仲良くなった別の長者の息子とが二人で山に入っていくが、息子は突然姿を消し、オット鳥となって「オットーン、オットーン」と寂しくあわれに鳴きながら飛んでいく。それが「夫」となったとされる。次も鳥の話で、ある長者の奉公人が山へ馬を放しに行き、帰ろうとすると一匹足らないため、夜通し探し回るが遂に「アホー、アホー」と鳴く馬追鳥になってしまう。この鳥は深山では常に鳴くが、里に来て鳴く年は飢饉の前兆とされる。この二話はいずれも深山に立ち入ることで、人間が鳥に同化してしまい、「死」を連想させる。音の響きはユーモラスだが話の内容は深刻である。

　ユーモラスな話としては九十四話で餅を懐に入れて山のふもとを歩いていた男が友人と出会い、面白がって相撲を三番取るが、友人と別れてみると、懐の餅がなくなっている、ようやく狐に騙されたことに気がつくが、恥じて人に話すことができずにいた。しかし、正月の宴席で狐の話題が出た時に話して大いに笑ったというもので、死のテーマが続く中で人と動物の交流をユーモラスに描いている。

4. 生死の境界

　この物語の底流に常に死の影が見え隠れするのだが、真正面から生と死を描いたのは五十五話から五十九話までの「河童」にまつわるものである。その描かれ方の一つは馬に悪戯をするため、捕らえられるが村人の話し合いで命を助けられるもので、今一つは醜い姿で、捨てられたり殺されたりするものである。五十五話を取り上げてみる。

　　　松崎村の川端の家にて、二代まで続けて川童の子を孕みたる者あり。生れし子は斬り刻みて一升樽に入れ、土中に埋めたり。其形極めて醜怪なるものなりき。(中略)其産は極めて難産なりしが、或者の言ふには、馬槽に水をたたへ其中にて産まば安く産まるべしとのことにて、之を試みたれば果たして其通りなりき。その子は手に水掻きあり。此の娘の母も亦曽て川童の子を産みしことありと云ふ。二代や三代の因縁には非ずと言ふ者もあり。此家も如法の豪家にて○○○○○と云う士族なり。

　この話についてはさまざまな解釈が加えられてきたが、赤坂は「イエの盛衰を賭けて、あるいは“家の貴さ・血の清さ”を証し守るために、ということだ。娘が間男の子を産んだという不名誉な事実は隠され、異界の存在である河童(零落した水神の貌をもつ)との避けがたい超自然的交渉の結果、といった位相へずらされ、幻想的な事実譚が誕生した」(赤坂, 1994)としている。筆者はそういった側面を否定するものではないが、「河童」をイメージしてみると、胎児の姿が鮮明に浮かび上がる。家族計画、産児制限などが十分に生かされていない時代に、間男の存在を生み出すまでもなく、望まれない子どもの誕生は相当数あったのではないかと考えられ、切り刻んで土中に埋められるのは“堕ろされた胎児”と想像できる。さらに動物の発生から考えても、水かきをもった不思議な動物は、産まれることを拒まれた発生間もない

第Ⅱ部　情報化社会に求められる日本人のイメージとしての「母性的風土」

人間の姿といえる。五十六話では生まれた河童の子を「道ちがへ」に捨てるために持っていったことが語られているが、「道ちがへ」は再生のイニシエーションの場でもある。またこのことは柳田が少年時代、飢饉の「間引き絵馬」を見て衝撃を受けたことと無関係とは思われない。このように河童は生命を拒否された幼い死者の魂でもあり、葬られた命の再生への願いが込められていたと考えられる。

　それとは逆にこの世で一応の仕事を終え大病を患い、すでに病床にあるはずの人が、人々に会いに来る話が八十六話から八十八話まで続く。彼らはその後まもなく息を引き取ったとされ、死の直前に魂は肉体から離れ、最期の望みを叶えようとしている。九十五話から百一話までも死にまつわる話で、九十五話では次のような情景である。

　　　石と共にすつと空中に昇り行く心地したり。雲より上になりたるやうに思ひしが実に明るく清き所にて、あたりに色々の花咲き、しかも何処とも無く大勢の人声聞えたり。されど石は猶益々昇り行き、終には昇り切りたるか、何事も覚えぬやうになりたり。

　これはムーディ（Moody, Jr. R. A.）が、『かいまみた死後の世界』（Moody, 1977）の中で述べている臨死体験と酷似している。ムーディは、死を体験した人の体験を「言葉では表現できない」としながらも、ほとんどの人が、「心の安らぎと静けさ」を経験しているという。この情景は言葉に表しにくい彼岸への旅路を、実に美しく語っているように思われる。

　百二話から百五話までは一月十五日の小正月の話で、その夜の催しや、不思議な出来事、雪女や山の神が登場する。百六話では、海岸沿いの山田というところに毎年蜃気楼が出る、そこは路上に車馬が激しく行き交い、まるで外国の景色のように見えると、異国を見据えて語られている。あるいは百七話、百八話では見慣れぬ大男や異人は山の神であり、山の神が乗り移ることで、占いをする人が多い。その占いは相手の顔も見ず、思い浮かぶことを

語っているだけだが、たいていはその通りになる。このように異界から送られる雪女や山の神、蜃気楼や異人たちは、時に人々に霊力を与え、人々はそれに信頼と畏敬の念を寄せる。

いよいよ物語も終わりに近づき、死への旅立ちの話が続き、百十一話から百十四話までは「ダンノハナ」と「蓮台野」についてだが、百十一話には次のように語られている。

> 山口、飯豊、附馬牛の字荒川東福寺及火渡り、青笹の字中沢並に土淵村の字土淵に、ともにダンノハナと云ふ地名あり。その近傍に之と相対して必ず蓮台野と云ふ地あり。昔は六十を超えたる老人はすべて此蓮台野へ追い遣るの習ありき。老人は徒に死んでしまうこともならぬ故に、日中は里へ下り農作して口を糊したり。その為に今も山口土淵辺にては朝に野良に出づるをハカダチと云ひ、夕方野らより帰ることをハカアガリと云ふと云へり。

そして注釈が付けられ、ダンノハナは「壇の塙」であり丘の上で塚を築き、境の神を祭るためのものであったという。次の百十二話にはダンノハナが昔囚人を斬るための地であったが、そこに塚を築き共同墓地となっていることや、ダンノハナと蓮台野の地理的な説明が加えられている。蓮台野に追いやられた老人が命の尽きるまでその地で働き、静かに死を待つ姿がうかがわれる。現代でいえば、ホスピスのようでもあるが、ここでは老人はどこまでも受け身ではなく主体的に最期まで働きつくし、命の輝きを感じることができる。だからこそ"蓮台野"に住している。つまり、蓮台は蓮華座であり、菩薩が据わる座を意味し、彼岸へ旅立つ準備をする地であった。そのためか悲壮感が漂わず、生死の境の地として、極めて重要な役割を演じている。

5.エピローグ

　物語のおわりを飾る百十五話から百十九話までは「昔々」と題され、百十七までは、山姥の昔話で、テーマは「殺す」「殺される」であり、淡々と書かれているが、悲惨な話である。しかし、百十八は「継母に憎まれたれど神の恵みありて、終に長者の妻となると云う話なり」で、最終の百十九話も獅子舞の時に用いられた歌謡が続き、「神の恵み」に身をゆだね、歌謡の内容もめでたくハッピーエンドで終わらせたと思われる。それによって、異界をさまよっていた読者は目を覚まし、現実界に生きることを容易にしているのではないだろうか。

第3節　境界的イメージについて

　『遠野物語』は119の口承物語が次々と語られる中で、男女の境界、異界や動植物との交流、そして、生死の境界について語られ、「母性的風土」というべき感覚が息づいている。しかし、物語の前後関係は必ずしも明白ではなく、一つのストーリーとして、特定の主人公が登場したり、物語の大きな展開や結末があるわけではない。そのイメージに寄り添ってみると、ある特徴が見えてくる。

　まず第一はこの物語の主人公は「人々」であること。「何某」であったり「男」や「女」、「娘」や「老女」ときには職業や社会的価値が付されて「猟師」や「長者」「物持ち」、場合によっては個人名が記されていることもあるが、特別な権力をもった者は一人も登場しない。心理療法においても、来談者と治療者間には、時間や料金といった外的枠が設定されるが、互いの社会的地位や権力関係は全く成立しない。治療者が向き合うのは、いわば「何某」というべき人で、その人の過去も未来も、社会的な一切の役割も特別な意味を持たない。そこにあるのは向き合った両者の身体感覚を通した体験と、二人

第7章 『遠野物語』にみる日本人のイメージ 163

の関係の中に生まれてくるイメージだけで、互いの中に生きる内界の人格が出会っているとさえ考えられる。これについては鶴見（1977）が柳田の仕事を評価して、私たち自身の内に原始、未開人を発掘したことを挙げているが、これはユング（Jung, 1954/1982）が元型論の中でペルソナに対して、内的人格（Seele）を認め、夢や精神病患者の妄想の中に、古代の神話や宗教と共通のイメージを見出したことに通じる。

　第二に、ことの展開はだいたい夕方から深夜に起こり、身近な出来事でありながら、非日常としてイメージされる。また、ことの起こる場所は、遠野という地勢のイメージから常に背景に深い山をいただきつつ、「山」「峠」「池の淵」「河原」「門」「庭」など境界がイメージされる場である。遠野が「山奥にしては繁華な町」とされながらも、決して市場や家の厨房など人間の日常的時間や場では起こっていない。筆者はしばしばクライエントの語りを、夢のように聞かせてもらっているが、心理療法場面においては身近なことを語りながら、非日常と体験され、さらに、クライエントと治療者がイメージを共有する境界の場であることと同質であるといえる。

　そして、話が展開し、非日常に境界的場で人々が触れ合うのは、神話に語られる名だたる神ではなく、そこで生まれ粗末な姿をした神々や、山男や山女、あるいは、狼や狐や鹿、木々や茸といった動植物など自然界、あるいはそれを超えた存在である。それらと出会って、夢とも現ともわからぬ不思議な出来事が起こったとされる。その内容は一貫して、弱い者小さいものに焦点があてられ、人間の及び知らぬ大いなる力が働き、物事が生起し、死を常に在るものとして見据え、生と同等に扱われ、生死の境界上の物語と考えられる。

　また、若き文学青年であった佐々木喜善から、柳田が遠野の口承物語を聞き、『遠野物語』として執筆していたころ、人々は天皇信仰を強制され、日本は大日本帝国として成長の一途をたどり、柳田はその国の官僚としての日々を送っていた。そんな生活の中で柳田の心の内の権力側に在る自分と、弱きもの小さきものへの心の痛みに共感する内なる原始人や未開人がうごめ

き、強い葛藤が起こり、柳田の存在そのものが境界的であったといえる。その時、神々と共にあり、生も死も自然のこととして受け入れる豊かな自然、それを超える世界に住まう人々の物語は柳田の心を深く癒したに違いない。

　柳田の時代から一世紀の時を経た今日、情報化の波に飲み込まれるように、人々は家族や友人などとの親密な関係を切断され、不安を感じながらも自らの心の現実に目を向けることを回避している。あるいは、命は死のイメージを通して、豊かな生として育まれるにもかかわらず、人々の前にクローンに代表されるような、永遠に続く生命体としてのっぺりと横たわっている。つまり人々は、命を育むと同時に死を招きいれる多様な世界としての境界的世界を失い、切断とぎりぎりの摩擦の中で、多くの障害や病理を生み出していると言える。その時、『遠野物語』として表現された豊かな境界的イメージである母性的風土が、心理臨床場面において内在化されることで、人々の切り裂かれた傷口を癒すのではないだろうか。

第8章

母性的風土としての茶湯
『本覚坊遺文』を通して

第1節　文化としての茶湯

1.心理療法的営みとしての茶湯

　21世紀を迎えて文化庁長官に任命された河合隼雄は、長官に就任した際の『日本心理臨床学会報』第4号に、不況（depression）という言葉が「うつ」（depression）を連想させ、不況に苦しむ日本の状況を考えるにあたって、日本のdepressionの治療に文化活動の高揚をはかるため、臨床心理学者が期待されているのだと述べている（河合, 2002b）。さらに河合は「心の問題の多くは、『文化の病』として受け止められる」とも記している。河合の言うように、文化活動の高揚をはかることが心の問題の解決に関連するという意味で、筆者は日本文化、中でも茶湯の営みが、人々の心を癒す代表的生活文化であり、同時に高度に洗練された総合芸術として、心理療法の側面があることを主張した（友久, 2000）。その後、本覚坊といわれた人物が綴った手記を、小説家井上靖が翻訳したとされる『本覚坊遺文』（井上, 1981）に出会い、心理療法と茶湯との関連を考えはじめ、日本社会の一大変革期である戦国の世を生きた人々が、茶湯を通して思索・交流し、時に深く癒されていたと確信することができた。しかも、死と隣接して生きた戦国の人々の茶湯の体験は、死のイ

メージ体験であり、今日のような境界なき時代、つまり、「死を見据えた生」を生きることが困難な時代に、茶湯は境界的イメージの体験を、日本人の心奥に育んできた「母性的風土」として、私たちにさまざまな示唆を与えてくれると考えることができる。当然ながら、茶湯は本来複雑多様な要素、特に宗教性や独自の美意識を有し、簡単に論じられるものではない。そこでここでは、心理臨床にとって重要な境界的イメージの表現である茶湯の世界を垣間見るため、歴史物語である『本覚坊遺文』を紐解き、自然やそれを超えた世界との交流の仕方を学ぶことで、心理臨床実践におけるイメージ体験の一助としたい。

2.『本覚坊遺文』のこと

　近江国三井寺の僧本覚坊は、生没年は不祥だが「茶会記」や書状などの資料に登場し実在した人物とされる。彼が残したと思われる手記『本覚坊遺文』（井上，1981）は井上靖の、次のような一文から始まる。

> 　現在、私の手許に、慶長、元和時代を生きた茶人が綴った手記がある。茶人というより茶湯者といった方がぴったりするかも知れない。和綴五帖、いずれも和紙二十枚ほどをぎっしりと細字で埋めてあって、独白体、日記体、メモ風、統一がないと言えば統一がないが、頗る自在な書き方をしている。（中略）今やそれを私流の文章に改め、輻輳している部分は整理し、足らざるところは補い、全篇に亘って多少の考証的説明も加え、一遍の現代風の手記として披露してみたい気持、切なるものがある。手記には題がないが、仮りに『本覚坊遺文』と題しておく。

　つまり、本書は歴史資料を基本にしてはいるが、井上靖の文学的色彩も色濃く、フィクションと考える方が適切かもしれない。ちなみに、『利休大事典』では、本書について「岡倉天心（覚三）の『茶の本』（岡倉，1929）に描かれ

た利休をその延長線上でとらえ、利休の死を本覚坊というほとんど架空に近い人物を拉しきって、論理的に追求した作品」(熊倉・筒井 (編), 1989) と評している。しかし、ここではフィクションか否かを問題にするのではない。本覚坊なる人物、あるいはその名を借りた井上が、利休や茶湯にどのようにふれ、そこに何を感じ、自らの内面に茶湯をいかに取りこんでいったか、つまり、彼らにとっての茶湯体験と、そこで働くイメージを明白にすることで、茶湯の持つ母性性や境界的イメージについて考察し、それが心理臨床にとって、さらに、人々が生きる上でどのような意味があるのかを論じたい。断わっておくが、ここでいう母性は女性が子育ての上で発揮する愛情の一種、あるいは本能といった意味ではなく、河合 (1976a) の言う「母性原理」として捉えたものである。むしろ、本書には登場人物として女性は、全くと言っていいほど出てこない。あえてあげるとすれば、本覚坊が体調を崩した折に「隣のお内儀」に世話になったことが数行記されているのみである。

　全体の構成は五章に分けられ、各章に利休に近い関係にあった人物を登場させ、その人物と対話した後、本覚坊が自問自答する形で利休のイメージを膨らませている。

第2節　『本覚坊遺文』のイメージ

1. 本覚坊の夢と古渓和尚送別の茶事

　第一章は利休の死後6年たって、浄土宗真如堂の僧東陽紡と出会い、本覚坊が茶の世界との関わりを語るところから始まる。本覚坊は31歳で利休に出会い、茶湯の裏方のような仕事をしていた。40歳の時、利休の賜死事件に遭遇する。そして、利休の死後20日ほどたったころに見た長い夢について書いており、要約すると次のようになる。

　「山崎妙喜庵を出て、冷え枯れた誰もが踏みこめない長い小石の道を歩い

168　第Ⅱ部　情報化社会に求められる日本人のイメージとしての「母性的風土」

ていた。それは幽かな明るさがただよう、魂の冷えあがる淋しい道で、冥界
の道と思った。ふと気がつくと、師利休がかなり前方を歩いていた。ところ
がその道は冥界の道ではなく、京の町聚楽第に向かっている。ずっと歩いて
いると、利休は足を停めてゆっくり私の方を振り向き、私がまだ付き随って
いることを確かめ、しばらくすると、また振り向き、もうここから帰りなさ
いというように私を見つめる。私は素直に師の気持ちにそってひき返した方
がいいと思い、深く頭を下げ、別れのご挨拶をした」そして、夢から覚める
と、それは「冥界の道ではなく、聚楽第に入っていくと気がついて、魂が驚
掴みにされ、自分が踏み込めるような、容易な道でないと思った」とも記し
ている。また、利休が堺に流されるとき、淀川を降る船の中で端座した利
休の顔と同じ顔を、秀吉の怒りに触れて西国に流される古渓和尚を送別する
隠密の茶事の時にも見たとして、その時の様子を述べている。

　座敷は東向き四畳半、いずれも格調高い名器が使用され、床は表具し直し
のため秀吉から預かっていた虚堂の軸である。虚堂は南宗禅林の巨匠、大徳
寺にとっては遠祖とでもいうべき人物で、大徳寺との関係においても、その
軸は、この朝の席にはこれ以上のものは考えられぬほどぴたりとしたもので
あったことを記している。その後、利休は両手をひざの上で合わせ、幾らか
胸を張るようにして坐し、半日近く虚堂の軸の前に座っていたという。虚堂
の軸は秀吉からの預かりものを無断で使用したのであり、その内容は優れた
高僧を追放する権力への批判であり、秀吉への挑戦でもあったのではないか
としている。

2.『山上宗二記』と本覚坊のビジョン

　第二章は岡野江雪斎が自分の茶の師匠であった山上宗二の書いた茶の奥義
書『山上宗二記』を持参し、本覚坊にその内容を教示するよう依頼する。山
上宗二はもともと堺衆の茶匠として秀吉に仕えていたが、気性が烈しく秀吉
と折り合わず浪々の身となった後、秀吉の勘気に触れることを口走り、その

ために耳鼻を削がれたすえ相果てたとされるが、真偽の程はわからない。

　江雪斎が本覚坊宅を辞した後、本覚坊は一人で兄弟子山上宗二について妙喜庵での様子を想いうかべる。茶席には山上宗二を亭主として、利休ともう一人の客、日が暮れ茶席に手燭を運ぶことが本覚坊の役目であり声がかかるのを待っていた時、「―――“無”と書いた軸をかけても何もなくなりません。“死”と書いた軸の場合は何もかもなくなる。“無”ではなくならん。“死”ではなくなる！」という言葉が聞こえる。そして、その後は死のような静けさであり、はたして利休以外もう一人の人物とは誰であったのか、謎めいたまま話は進み日付は次の日に移る。

　その後本覚坊が『山上宗二記』の「茶湯者覚悟十体」の筆写にかかり、次の文を紹介している。

　　　　―――十五ヨリ三十マデハ万事ヲ師ニマカスルナリ。三十ヨリ四十マデハ我ガ分別ヲ出ス。四十ヨリ五十マデノ十年ノ間ハ、師ト西ヲ東ト違エテスルナリ。ソノウチニ我流ヲ出シテ、上手ノ名ヲトルナリ。茶ノ湯ヲワカクスルナリ。又、五十ヨリ六十マデノ十年ノ間ハ、師ノゴトク一器ノ水、一器ニ移スヨウニスルナリ。名人ノ所作ヲヨロズ手本ニスルナリ。七十ニシテ宗易ノ今ノ茶ノ湯ノ風体、名人ノホカハ無用ナリ。

　そして筆写を終え、本覚坊が『宗二記』を返却するために江雪斎と茶席で出会い、話は自然に宗二と利休の死にまつわる会話へと移っていく。

3. 古田織部のこと

　第三章は「古織さまのこと」「古織さまのこと・再び」「古織さまのこと・みたび」と三部に分け、本覚坊が伏見の織部屋敷を訪ねる所から話は始まる。織部屋敷の茶席は三畳台目、床に利休の文で箱根からの消息、茶入れは唐物

170　第Ⅱ部　情報化社会に求められる日本人のイメージとしての「母性的風土」

生高、茶碗は唐津、利休の心にぴたりと寄り添った織部の点前であったと評している。その席で、織部は利休の形見である茶杓（茶をすくうための竹製の匙）を取り出してくる。織部はその茶杓に“泪”と銘をつけ、位牌仕立ての筒を作っている。

「古織さまのこと・再び」は、織部が一万石の隠居大名であると同時に、将軍家の茶道師範として、天下の大茶人と評されるようになったころの話である。本覚坊が織部から招きを受け茶事に向かうところから始まる。そのころ、利休は半年後の死を前にして、親しかった人々との別れの茶事に励んでいたとしている。

「古織さまのこと・みたび」では、石田三成が慶長五年関ヶ原の戦いで敗れ、徳川の天下となって14年の歳月がたち、徳川家康が大坂を征討（大坂夏の陣）したころの話である。ある夜本覚坊に織部の姿が浮かび、自問自答する形で語り合うことになる。その中で本覚坊は高齢になった織部に、もう合戦には参加せぬ方が良いと進言し、それに対する織部の言葉として「茶事、茶事で毎日を過ごしているより、時には合戦もからっとしていい。勝とうと、負けようと。だが、負ける方にはつかぬ。毎日、毎日、茶を点てているので、そのくらいの勘は働く」と、語らせている。

4. 大坂城と織田有楽

第四章は、大坂城が落ち豊臣家が亡んだ直後、古田織部は大坂方への内通の罪状で死を賜り、伏見屋敷で自刃し、本覚坊は「もうこの世に会うべき人はいない」という気持ちになっていた時に、織田有楽と出会う。有楽は織田信長の弟、信長の死後秀吉に仕え、出家して「如庵有楽」と号した。秀吉亡き後は家康に仕え、関ヶ原では徳川方から出陣、大坂冬の陣では大坂方の総帥、夏の陣では開戦前に城を抜け出して京に隠棲し、大坂落城と豊臣家の滅亡を京の地から眺めていた。茶は利休に学び、奔放自在に、あるいは乱世を生き抜く智恵を身につけ、体格は大柄、一点のすきもない武家の構えを持っ

ていたと記している。

　その有楽が、織部の死を「利休の死に殉じた」と語った事を聞き、本覚坊は有楽に会う決意をする。二人の会話は織部の死の理由であり、利休、宗二、織部と大茶人三人がいずれも自刃であったことに話が及ぶ。有楽との重い話を終えて自宅に戻り、本覚坊は妙喜庵での利休、宗二となぞの茶人による「"無"ではなくならん。"死"ではなくなる!」という会話を思い出し、この時の謎の茶人は織部であり、三人が自刃の盟約をかわしていたのではないかと推察する。その後完成した有楽の隠居所を訪ね、話題は利休に及ぶ。有楽は利休が茶室を狭めることによって、茶が遊びではなく真剣勝負になり、勝ち負けになったために賜死せざるを得なかったとしている。

5.宗旦と秀吉の茶会

　第五章は利休が賜死して28年、本覚坊は利休の孫宗旦から、秀吉の催した茶会について話が聴きたいと依頼され、大坂城内の御座敷での口切茶会（新茶の入った茶壷の封を切り、当年初の新茶を喫する茶会）について話し始める。御座敷は五十畳以上の大広間、利休を初めとする九人の宗匠による九つの席、それぞれ壷と茶碗を持ち出して、九人がいっせいに名物茶壷の口を切る。その緊迫した様子は思い浮かべただけで、心はきつく締め付けられ、御座敷の空気が音をたてて撥ね返ってきたという。それから口切りした茶壷から取り出された葉茶が臼で挽かれるまでの半刻、別室で賑やかな酒宴が開かれる。茶が挽き終わると大勢の客がどっと大広間に移り、賑やかに茶を飲み廻す。お茶を飲み終わると、また宴会に返るといったもので、茶会といえるものではなく陽気な酒盛りであったが、それに利休は終始にこやかに付き合っていた。その3日後も同じ大坂城の大広間で、賑やかな炉（11月から翌年4月まで冬の設えとして用いられる）の茶会が開かれたという。お祭りのように浮かれた茶であり、茶湯をはさんでの酒宴であった。更にいっそう派手な茶会は新年の茶会で、大名、小名大変な人数で、茶人も総出という豪華極まりなく、押し

172　第Ⅱ部　情報化社会に求められる日本人のイメージとしての「母性的風土」

合いへし合いの大宴会であったという。その時の秀吉の衣装について「上に唐織の小袖、お道服は白い紙子、裏はボケ、帯は紅で、結んだ一方を長く垂らし、それが膝の下まで垂れている。髪はお結いにならず、縮羅の萌黄の布でくくっていらっしゃる」と記し、「立派といえば立派、異様と言えば異様、芝居の役者が舞台姿のまま酒宴の席に入ってきたようなもの」と評しているが、その秀吉を、利休はさして厭でもなかったようだとしている。それは、秀吉が多くの武人の心を集め、その心を自分から離さないためにも、多くの者を戦場に向かわせる為にも、茶会という大盤振舞いが必要であり、その秀吉を利休は手助けしており、侘茶の道を大きくするために秀吉の力を借りていたとする。

　次に北野大茶会について記している。次のような意味を記した立札が諸所に立てられたという。「来る十月朔日から、向こう十日間、北野松原にて茶湯を興行する。身分の貴賎、貧富を問わず、若党、町人、百姓、誰でもいい。凡そ、釜一つ、つるべ一つ、茶碗一つでも持っている者はみな参会するがいい。茶がないなら焦粉でも結構。座敷は畳二畳、畳がないなら莚でもよろしい。数寄の心懸ある者なら日本人に限らない。唐国の者でもいい」当日、北野神社界隈は、実際の数は不明だが、一間の空地もないほどであった。秀吉の茶席は四つ、秀吉自身、利休、宋及、宋久が担当し、道具は秀吉所蔵の天下の名品ばかりであった。しかし、それも一日で急に中止され、中止の理由は肥後一揆勃発ではないかとしている。一揆を制するには茶会を中止するしかなく、そのように、秀吉は征服というものに生命をかけている武人であり、その心を知っていたのは、やはり、侘数寄に生命を賭けていた利休しかいなかったのではないかと推測している。

6.本覚坊のビジョンと夢

　終章は本覚坊のビジョンから話は始まり、以前利休のお供をして歩いていた夢の中の冷え枯れた道を想いうかべる。あの夢では京の町に続いている恐

ろしい道と感じたが、今は真直ぐにどこまでも伸びている道で、そのずっと先に利休は一人で歩いている。その後眠りにつき、利休自刃の場面の夢を記しており、要約すると次のようになる。

本覚坊は水屋に座っている。茶室では利休が点前座に座り、静まりかえっている。書院には三人の検使がきており、一人はしばしば利休の茶席に招かれた蒔田淡路守である。その彼が利休切腹の介錯役である。利休の挨拶の声がすると、いつの間にか秀吉が席入りしている。そこへ電が落ちる激しい音がする。そんな中での、利休と秀吉の最後の会話の様子が記されているが、全体に利休が強い口調で秀吉に語りかけ、それに、戸惑いながら秀吉が相槌を打つ格好になっている。内容は、利休が初めて秀吉に会った安土城の茶室の様子から始まり、8年間世話になった御礼の言葉が多少シニカルな調子で述べられ、核心へと入っていく。

利休は秀吉から茶人としての地位や力、大きな援助、そして最後に「死も賜りました」といった二人のやりとりがあり、その後、利休が「妙喜庵（利休の作による初の侘茶室・待庵のある寺院）を造りました頃から、余分なものは一つひとつ失くすように心掛けてまいりました。が、いくら物をなくして行っても、最後には自分だけが残ってしまいます。が、いよいよその自分を失くすときが参ったようでございます」と言えば、秀吉は「もういいではないか。今まで通り余のために茶を点ててくれ」「もう刀を抜くようなことはせん」と応え、すると「めっそうな！ 刀をお抜きにならなかったら上さまではなくなってしまいます。先刻刀をお抜きになったことをお恨み申し上げましたが、上さまはやはりお腹立ちになりましたら刀をお抜きになるのがよろしい。誰にでも死を命じられるのは、この世で上さまお一人でございます」と語りかける。その後、利休は自分の最後の茶を見るために、大勢の人々が集まっていると告げて「そのなかには、上さまと闘って破れて死んだ方々も多勢いらっしゃるかとおもいます。お気を付けあそばしませんと」と秀吉に別れを告げると、秀吉の姿は消え、瞬間、茶室は静かになり、利休の姿も消える。次の場面は、利休と秀吉の一客一亭の茶事が終わり、その跡見の茶会（一

回の茶会の直後、参会できなかった客のため、再度同じ茶室で催す茶会）の様子である。最初に徳川家康が席入りし、利休晩年の茶会に顔を出した親しい大名、公家、町人茶人が次々と席入りする。4、50人もの人が妙喜庵の二畳に収まってしまう。雹の落ちている烈しい音が天地を包み始め、利休の点前が始まろうとしている。本覚坊も拝見しなければと思っているところに、山上宗二が、体全体に血を浴び、恐ろしい形相で席に入ろうとする。それを止めようとして、本覚坊が立ち上がりかけたところで夢から覚め、体全体の激しい疲れを感じる。しかし、夢があのまま続いていれば、利休は書院に坐り自刃の時間を待っているころである。秀吉から死を賜った利休、織部、宗二の三人は、いずれも、そのとき初めて何ものかを得、そこで静かに茶を点てて、そこから脱け出すことを考えなくなったのではないかと本覚坊は推測し「日録・終り」となる。

第3節　イメージ体験としての茶湯

1.茶会の母性性

　第2節では本覚坊の日録をもとにした井上文学の中から茶湯の営みがどのようなものであったかを観てきた。全体を通してみると、数人の武将や町衆を登場させてはいるが、主たる内容はそれらの人を通して語られる、利休と秀吉の茶会の様子であり、それ以外は本覚坊のビジョンと言うべき自問自答と夢の話である。そこで、茶会の様相や茶会によるもてなしの意味を検討することで、その母性性を明らかにしたい。

　河合（1976a）は母性原理について、包含する機能によって示され、すべてのものを良しにつけ悪しきにつけ包み込んでしまい、そこではすべてのものが絶対的平等性を持つとする。肯定的には生み育むものであり、否定的には呑み込み、しがみつき、死に到らしめるという。そして、ユングが母性の本

質的側面について、「慈しみ育てること」「饗宴的情動性」「暗黒の深さ」の三つを挙げたことを紹介している。

　ところで、茶会で客をもてなす行為は、客に対する亭主の徹底的慈しみの表現である。例えば、利休を師と仰ぐ本覚坊が織部に招かれた2回の茶事を考えてみると、一度目は利休が堺に流された、二人にとっては極めて意味深い日にちを選び、床には利休の文、道具の取り合わせも利休の心にぴたりと寄り添ったものであり、その日の話題は利休の形見“泪”と名づけられた茶杓についてであり、すべてが客・本覚坊を和ませ、安堵させている。2回目の茶事は、利休が織部を、翌日は本覚坊を、一客一亭の茶事に招いた思い出深い日であり、その話題も利休の侘茶の極意をたたえるものであったことがうかがわれ、客人に対する絶対的慈しみの心を表現している。あるいは、秀吉の怒りに触れて西国に流される古渓和尚を招いた利休の茶事の様子は、客に対する命がけの誠意を示している。つまり、秀吉からの預かりものである虚堂の軸をかけた事は、もし秀吉に知れれば命に関わる事でありながら、利休は客古渓への心情を最大限表現するものとして使っている。茶事の雰囲気も亭主と客がぴたりと合ったものだとしているが、これはまさに茶会の参加者だけが体験しうる、一種スリリングな共通感覚であり、茶会が持つ包含する機能を如実に現わしている。

　もともと茶会で客を“もてなす”ことは、歓待しご馳走することであるが、『広辞苑第六版』によると“面倒を見る、世話をする”という意味合いもあり、『源氏物語』「若紫」の中で「そもそも女は人にもてなされておとなにもなり給うものなれば……」（新村（編），2008）と、きわめて母性的な意味合いの例をあげている。また、客をもてなし、食をふるまうということは、食欲という根源的欲求を満たすものであり、過食の女性クライエントが「食べ物が食べたいのではないのです、愛情が食べたいのです」と筆者に語ったことや、愛情不足と思われる子どもが万引きするのは、食べ物であることが多いのは示唆的である。つまり、茶会で「もてなし」「ふるまう」ことは、直接身体に対して母性的に働きかけると考えられる。

176　第Ⅱ部　情報化社会に求められる日本人のイメージとしての「母性的風土」

　一方で、秀吉の茶会についてみると、大坂城内の口切茶会は五十畳以上の大広間で、九つの茶席にそれぞれ、名物茶壺を持ち出していっせいに茶壺の口が切られ、その後はにぎやかな酒宴を伴った茶会、さらに正月新年の茶会は、押し合いへしあいの大宴会、しかも秀吉は唐織の小袖、紅の帯は一方を長く垂らし、垂らした髪は萌黄の布で結ぶといった異様な衣装で茶席にも入る傍若無人ぶりであった。この秀吉の茶会は、ぶどう酒とインスピレーションの神、ギリシャのディオニュソスを思い起こさせる。ディティエンヌ（Detienne, M.）によると、ディオニュソスは一日にしてぶどう畑を熟させ、ぶどう酒の泉を湧き出させ、人々を酔わせ興奮させると同時に、狂乱と殺戮の中に引きずり込む（Detienne, 1986/1992）。このディオニュソスは戦国武将秀吉その人であり、戦いの合間に開かれた秀吉の茶会は、呑み込み、しがみつき、死に到らしめる饗宴的情動性そのものである。

　次に、茶会の話題を検討してみると、秀吉の大茶会は宴会であって、話題がどのようなものであったか全く記述がなく、恐らく情動的に流されて、話題といったものは無かったのかもしれない。小間の茶会では、利休や織部がなぜ死ななければならなかったか、さらに、二人が共に死を賜って、なぜ申し開きをしなかったか、あるいは、宗二の死は事実か否か、「"無"ではなくならん。"死"ではなくなる！」という謎めいた会話などである。この会話についてはさまざまなことがイメージされるが、死でなくなるものとは明らかに「身体」であり、無でなくならないものとは「魂」と考えられ、「死」が話題になっている。また、当然道具の話題も出てくるのだが、茶杓の銘を"泪"とつけ、筒は位牌仕立てにしたことなどは、最終的には死につながるものであり、いずれも重く、人を永遠に解決し得ない暗い深みへ引きずり込んでいく。このように考えてくると小間の茶会は、はぐくみ育てる側面と暗黒の暗闇という側面を、広間の茶会は饗宴的情動性を表現していると考えられ、茶会が極めて母性的営みであると同時に、茶室の広さは茶湯の意味を象徴的に表現していると考えられる。そこで次に茶室について検討したい。

2.茶室の心理学的意味

　ここで明確に広さが記述されているのは、利休の聚楽屋敷の四畳半と、本覚坊が招かれた織部屋敷の三畳台目、そして秀吉の五十畳の大茶会である。四畳半は茶室の基本とされ、それ以上を広間、それ以下を侘茶の小間として区別される。広間では台子を使うなど格式が高く、儀式的性格が増し、小間は草庵と称されるように、道具なしの侘茶人のものとされていた。しかし利休は、秀吉が主催した広間の茶会で、三回とも茶頭をつとめており、侘茶人とされながら、当時最高の目利きとして多数の高級茶器を所持していたとされる。つまり、利休は遊びの茶を楽しみ、茶湯道具の商人としても生きており、広間の茶を否定していたわけではないが、ここでは侘茶の真髄である小間の茶室について考えたい。

　利休は侘茶の精神性を高めるために、最小限の広さとして二畳の茶室を考案したが、実際使用したのは大坂でも京都でも四畳半が多かったようである。本覚坊が招かれた一客一亭の会も、古渓和尚送別の会も四畳半で行われている。四畳半という広さは、もし、心理療法を畳の部屋で行うとすれば、面接室として適当な広さのように思われる。つまり、日本で、心理療法が行われるようになったのは、日本人の生活にもテーブルと椅子式の部屋ができてからのことで、畳の上で面接をするという発想はないが、今日の面接室から、テーブルと椅子を除いてしまえば、四畳半内の対人距離感は面接室にふさわしい。面接室にふさわしい四畳半で、禅式に則り台子を用いているが、ここに登場する茶室は完全な草庵造りであり、くぐりを設け、下地窓をはじめ数個の窓が配され、自然光の採り入れ方が絶妙に工夫されている。また、日常から非日常への通路である露地は、綿密に計算された飛び石、蹲、灯籠、刀掛けなど、侘茶の精神に沿って人間の心に深く働きかける。このような茶室に対する心理学的意味については安西（1995）がさまざまの角度から述べている。

　それによると、露地については法華経の「三界の家宅を出でて白露地に座

178　第Ⅱ部　情報化社会に求められる日本人のイメージとしての「母性的風土」

す」を引用しながら、ストレスに満ちた現実世界から、地上の天国である茶
室に向かう参道であり、進行につれて刻々と清浄感や鎮静効果が深まると同
時に、抗し難い誘導力をうける工夫に満ちたアプローチで、自然を表す飛び
石が敷かれ、それは天国への道が曲がりくねった迂回路であることを示す。
露地に据えられた灯籠は、利休が少年のころ、海上はるかにのぞんだ漁り火
の景観の記憶であり、露地に灯籠を導入したことは、人の心の深いところで
火は単なる照明を超えて魂の内的欲求であるためだとしている。にじり口に
ついては、もともと“くぐり”と言われており、それは胎内くぐりを思い起
こさせ、母胎性が連想され、さらにダンテの『神曲』やキリスト教の『聖書』
をあげて、聖地に至る入り口は狭く、世界共通のイメージだと説明する。ま
た、これをくぐることによって、心身共に外界から隔てられ天国に遊ぶ感を
享受する。次に利休の出身が臨海都市堺であり、海や船が太古から母性の象
徴であることを取り上げて、利休の深層心理に母性思慕、母性への憧憬の
心、つまりエディプス願望が強く、それがさまざまな優れた造形や心理的工
夫を生んだとする。そのような利休や利休の茶に対して、秀吉が強く惹かれ
たのは、秀吉が母性的女性に引かれたのと同様、茶室という空間や利休の茶
に、母の胎内に帰ったような安堵感と至福の時間を与えられたからだとして
いる。

　ここで重要なことは、多少無理なこじつけがあることも否めないが、茶湯
の営みのすべてに対して、心理学的に説明し得たことであり、茶湯が美的に
働きかけるのみではなく、極めて日常的な営みでありながら、人間の心に深
く働きかける力を持っていることを論じたことである。特に、にじり口、光
の採り入れ方、天井の低さといった茶室の造形は、母胎への回帰を思わせ、
来世をイメージさせ、心理療法の側面をもった空間であることは間違いな
い。この茶室内で、あるいは茶湯の営みのなかで、利休を巡る人々の心の関
係はどのようなものであったのだろうか。次に茶湯者の関係と、それを解明
するために本覚坊が見たビジョンや夢について考えてみたい。

3. 境界的イメージ体験としての茶湯

　秀吉が催した広間の茶会については、主客の関係の記述はほとんどない
が、北野大茶会はその催しについて、身分の貴賤、貧富を問わない、数寄の
心がある者なら日本人に限らず、唐国の者でもいいとしており、すべての人
間が対等の関係であると明記している。またここで「数寄の心」を持ってい
ること、つまり、すべての参加者に数寄者の精神と技術を要求していること
は興味深い。多くの宗教や心理療法においても、そこで何らかの癒し、ある
いは、心の変容が起こってくるためには、その場の参加者が、ある種の共通
感覚、あるいは、共通幻想を抱いていることが重要である。それを実現させ
るための装置として茶室には刀掛けがつくられ、武将はその肩書きを捨てさ
せられ、すべての客は頭を下げてくぐりを通ることを要求される。そして、
一旦くぐりをくぐった人たちは、茶室という境界的世界に包含され、全員が
深く一体感を味わう。つまりこれはターナー（Turner, 1969/1996）の言うコム
ニタス状況そのものである。河合が通過儀礼におけるリミナリティと心理療
法との差異を論じる中で、心理療法では「不思議な相補性や相互性によって、
治療者の方が通過儀礼を体験する側になることも生じてくる」（河合，1989）
と述べているが、「相補性や相互性」という意味では、茶湯は主客にしばし
ば逆転が生じる、つまり、亭主が客によって点てられた一服を喫することが
あったり、客に対して、花を生けることや、炭をつぐことを所望することが
あるため、通過儀礼と同様に境界的であり、境界的なイメージ体験であるこ
とは間違いない。

　『山上宗二記』の「茶湯者覚悟十体」の記述も茶人の関係を現すものとして
興味深い。最初に「十五ヨリ三十マデハ万事ヲ師ニマカスルナリ」とあるが、
茶湯者としての人生を始めるのが、15歳ごろであろうと推測でき、孔子の
『論語』巻第一「吾れ十有五にして学に志す」（孔子／金谷，1963）を思い起こさ
せる。30歳までは「師ニマカス」とあり、茶湯者になろうとすれば、30歳
までは師に従うよう促している。つまり、客をもてなし、道具を慈しみ、季

節の移ろいを感じつつ、日々の修行をする師の振る舞いすべてをまねよということである。侘茶は禅の精神を汲み、不立文字であり、身体を通して伝えるべきものとされ、当然といえば当然だが、それをあらためて文字として書き記したのは、師に従い行動をまねることが極めて重要であることを示している。しかし、近年では、自分の身をゆだね「マカスル」ことができる対象を持たない人が多くなっている。例えば、母親は子育てをするとき、子育ての先輩、多くは自分の母親に育てられたように、あるいは身近な人の行動をまね、学びながら母として育ってゆくが、子育てに悩む母親は、自分が全面的に信頼して、まねるべき対象を持っていないことが多い。生きる気力が湧かないと訴える若者たちも、親兄弟にも、教師や友人の中にも、全面的に身を任せ従うべき人を持っていない。しかし裏を返せば、それは彼らが、絶対的に信頼を寄せて従ってきた体験を持っていないということではないだろうか。心理学でいえば、絶対的信頼関係や対象関係が確立されていないということになるだろうが、平たく茶湯でいえば、全身全霊をかけてもてなされた経験を持っていないと言える。

　次に、利休、宗二、織部三人の自刃について、有楽は、自刃の理由を「利休に殉じた」と語り、「"無"ではなくならん。"死"ではなくなる!」という謎の会話を取り上げ、本覚坊は三人が自刃の盟約を交わしていたのではないかと推測している。権力に取り立てられ、権力を利用してうまく立ち振る舞ってきた三人の茶人が、一方で「侘茶」を主張して権力を批判してきた。その末に、行きついたところが「自刃」という結果であることは、三人が共に暗黙の内に、自己の世界を全うするために自刃を選択し、すでに境界的世界に身を置いていたことを物語る。そして自刃によってこそ、権力にのみ込まれることなく侘茶として歴史の中に再生し、長く生き続けることになったと考えられる。

　そのことは本覚坊が見た二つの夢とビジョンにも現われている。ただ、本書に取り上げられた茶会や、そこに登場する人物、あるいは自刃の時の様子などについては、作者井上が、歴史資料と照合した上で、文学的に表現した

と考えられるが、夢については文献上どこにも見当たらず、井上のフィクションの可能性も拭いきれない。しかし、利休がまさに自刃しようとする直前に秀吉と向き合わせ、利休が侘茶の本質を説くためには、意識と無意識の境界を語る言葉として、夢という形式をとる以外に方法はなかったと思われる。そこで、最後に本覚坊が見た夢について考えてみたい。

　利休の死の直後に見た、妙喜庵を出て冷え枯れた長い小石の道を利休の後について歩いている夢では、本覚坊は冥界への道だと思い、利休に付き随っていく。しかしそれは冥界ではなく、聚楽第に向かっていることに気付き、利休の忠告に随って、師に別れを告げ引き返している。これは聚楽第というこの世の権力の象徴への道は、冥界よりも恐ろしいと言い得るが、聚楽第という権力の象徴こそ冥界への道であるともイメージできる。

　その後最終章になって、本覚坊はまた夢を見る。それは利休自刃の場面で、秀吉が登場し、利休は茶を振る舞いながら二人が長い会話を交わすことになる。この茶室でのやり取りは、秀吉が一度は振り上げた刀を下ろしきれず、むしろ、利休に自刃を思いとどまらせようと躍起になっており、それを利休は天下人らしく振る舞うように諫めている。秀吉のその姿は、厳しい親に甘える息子のようでもあり、利休のそれは、権力に身を委ねつつ生きてきた己に対する批判であり、賜死の覚悟の表現であり、権力にのみ込まれることへの抵抗でもあろう。そして、この自刃という行為が侘茶の大成者として、利休の名を後世に揺るぎないものとしたと考えられる。つまり、自刃という名誉ある死を遂げることで、堺の商人である利休が歴史の舞台に、偉大な茶人として再生している。さらに、自刃の場面における秀吉に対する利休の語りは、堂々たる死への道行として、生死の境界をイメージさせている。しかも、宗二の「茶湯者覚悟十体」には、70歳で利休の姿になることは名人のみであると説いているが、利休が70歳でこの世を去っていることを考えると、茶湯者にとって利休の自刃という死の在り方が、いかに意味深いものであったかを知ることができる。

　ところで、この自刃という行為は、切断機能である父性的力によって成し

182　第Ⅱ部　情報化社会に求められる日本人のイメージとしての「母性的風土」

遂げられる。それを可能にしたのは茶湯という母性的営みの力によるのではないか。つまり、一介の商人であった利休が、戦国の世に天下人となる人物と対等に交流し、互いに依存し合いながら自らの存在価値を高めていったのは、茶湯が日常的生活文化でありながら、自然や人間と縦横無尽に交流する直感力を養い、基本的な安定感を育む力を持っていたからであり、その安定感の上でこそ、自刃という父性的力を発揮できたと思われる。心理療法においても、枠組みとして時に強い禁止や否定が効を奏するのは、母性的力に支えられているときであることを考えると、茶湯は明らかに心理療法と同質のものである。

　夢の最後は跡見の茶事である。秀吉を迎えての一客一亭の茶事なら跡見があってもおかしくない。二畳の四角い茶室に50人もの人、しかも、今や天下人となった徳川家康を先頭に、その多くは仏となった人たちである。山折（1991）が言うように日本の曼荼羅が自然を配していることを考えると、自然を象徴的に実現した茶室に仏となった人々が、次々と席入りする様子は、曼荼羅が描かれていくイメージである。しかし、場面は雹が落ちる烈しい音の中で、最後の客、山上宗二が血だらけの恐ろしい形相で席に入ろうとしている。これは茶湯の宗教性と同時に、権力のために多くの血を流した武将たちの魂を象徴し、常に死と隣接して生きる恐ろしさをイメージできる。さらに、「雹が降る中での死」は偉大な人物の死は異常な自然現象としてイメージされることを表しているのではないだろうか。しかし、徳川300年の世を築いた家康の登場は、世界の当分の間の安定を示しているとも言える。また、跡見の茶事であることは、本覚坊あるいはその名を借りた井上が、茶湯者の姿を通して、その生き方を客観化し意識化していったことを示している。

第4節　心理臨床実践における母性的風土

　前節まで、茶会や茶室、そしてそこで繰り広げられた茶湯者の営みを考察

することで、茶湯が母性の慈しみ育て、一方でしがみつき死に到らしめる側面と、父性の切断する機能を併せ持った心理療法的な営みであり、その話題や夢やビジョンから、茶湯は常に死を見据えた境界的イメージにあふれ、露地を含む茶席という必要最小限の空間は母性的風土の体験の場と言える。すなわち、茶湯に代表される日本の伝統的文化の高揚を図ることは、心の問題の解決に重要な役割を果たすことが明らかになった。そして、そこで果たす役割とは境界的イメージを体験することであり、それは、本覚坊の夢として登場した千利休が実践したように、「いかに死ぬか」を見通すことで実現する。言い換えれば、利休が秀吉から死を賜り、申し開きをすることなく自刃するという死の在り方を通して、私たちは「いかに生きるか」を考えなければならない。

　皆藤は『体験の語りを巡って』(皆藤，2010)の中で、心理臨床としても、症状の軽減や現実場面への適応に重点を置くのではなく、限りある命としての「死」を見据えて「いかに生きるか」という在りようが、今日的課題であるとしている。この心理臨床の実践についての姿勢は、和辻が「風土」について語るとき、自然環境を対象として問題にするのではなく、人間の主体性との関わりであるとしていることと同質のことであろう。さらに、筆者が主張する「母性的風土」の体験も、「生と死」といった境界的世界をイメージとして体験することであり、心理臨床家として生きる上での在りようとして、深く掘り下げることが求められる。特に近年の情報化、グローバル化といった社会状況から考えて、簡単に広がりはするが、深めることには相当な努力が必要な今日的状況では、「死」を見据えて「いかに生きるか」を考えることが真に重要なことと思われる。その一つの手段として、非日常として茶湯を体験することは境界的イメージを喚起し、母性的風土を体験することになるのではないだろうか。しかし、現実には茶湯を体験する機会が減少している今日、イメージとして茶湯の本質的問題を問うた『本覚坊遺文』に表現された自然やそれを超えたものに触れるだけでも、境界的イメージ体験として深い癒しにつながると思われる。

終　章

母性的風土を培うこととイメージ体験の重要性

　本書は、第Ⅰ部では、筆者が心理臨床場面で出会ったクライエントとの関係を通して、イメージ体験が重要であることを主張したものである。特に心理療法場面で、自然との交流やそれを超えた神仏との交わりである境界的イメージ・「母性的風土」というべき体験を存分にすることが、人々を深い癒しに導くことを考察した。

　第Ⅱ部では、日本に近代化の波が押し寄せる前の、人々の暮らしをつづった柳田国男の『遠野物語』と、戦国時代の茶人である本覚坊と言われた人物がつづった手記を小説家・井上靖が翻訳したとされる『本覚坊遺文』を通して、当時の人々の生き方や、当時の茶会の様子を振り返った。それは、近代化以前の日本に溢れていた境界的世界・「母性的風土」そのものであり、それをイメージとして体験することが癒しにつながることを展望した。

第1節　「私」の心理臨床実践を振り返って

　序章では、まず、今なぜイメージについて論じる必要があるかについて考察を試みた。心理臨床におけるイメージは、人間の精神的営みにとって根源的、本質的であるが故に論じることが困難で、むしろ技法あるいは手段とし

終　章　母性的風土を培うこととイメージ体験の重要性　185

て扱われがちであった。そのような状況下で河合 (2000b) は、主体的「体験」としてのイメージを問題にし、心理療法におけるイメージの重要性を主張していた。そこで、筆者自身が心理臨床家として活動する経過を河合の著作をレビューする形で辿り、河合の論を踏襲する筆者のイメージに対する視点を明確にした。さらに、かつては若者の特徴を表現する「悩み」や「葛藤」という言葉が色あせ、近年の若者は「主体的に悩めない」、あるいは「主体性の欠如」などと表現され、青年期の若者の在り方に十数年前とは質的な変化が起こっていることを問題意識として提示した。それらの解決の糸口としては、幼少期からの身体を通した体験が重要と考えられたが、急速に進展した機械化・情報化社会においては、身体を通した生の豊かな体験をすることは困難になっていった。そこで、筆者の臨床実践における体験からは、イメージとして豊かな体験をすることであると考えられ、それについて心理臨床過程を振り返ることを試みた。

　第1章では、筆者がイメージの問題に取り組まざるを得なくなった大学生との面接過程を取り上げ、心理療法においてイメージを取り扱うことの困難さを論じた。それは、教育機関における心理臨床の実践が、必ずしもその時間や場といった「枠」が確固としたものではない場合も多く、それに加えて、その目的が学校生活への適応であり、単位を取得して卒業することに向けられがちになるためであった。そのようなことから、この学生が豊かなイメージを送り続けていたにもかかわらず、治療者がクライエントのイメージに向き合えず、イメージを取り扱うことに躊躇してしまった。そのことが一つの要因となって、クライエントが自ら命を絶ってしまったと思われた。そこで、彼の豊かなイメージと、彼との関係における治療者の内的体験を記述し、イメージを受け止めることの難しさについて考察を試みた。

　第2章では、イメージによる交流を深めていった解離症状を抱えた女子学生との面接過程を提示した。その中で、表現された豊かなイメージを治療者が受け止め、その意味を見出すことで、クライエントは徐々に人格変容し、現実社会に開かれていった。面接終了後も、手紙やはがきによる交流は長く

続き、治療者が事例として学会で発表するために、彼女との面接経過を振り返ることで、クライエントと治療者の間に新しいメージが湧き、心の深いところで両者がイメージによる関係をつなげていった。この経過を通して心理療法におけるイメージの重要性を展望した。

第3章では、まず「境界」について考察した。それは「イメージ」がクライエントと治療者の境界に、あるいは両者の意識と無意識の境界に存在するためである。この「境界」の問題は、境界が抱えた「切り分ける作用」と「分かたれたものをつなぐ作用」の問題であり、これら両方の一方だけを強調されることによってもたらされる。言い換えれば、境界を一線としてとらえるのではなく、「どちらにも属さない」あるいは「どちらにも属している」境界領域としてとらえることの重要性について述べ、筆者の「境界」に対する視点を明確にした。

そのうえで、身近な人との別れという「喪失体験」を繰り返しながら、食の病を抱えた娘の母親として生きる女性との面接過程を提示した。このクライエントは面接経過中に境界的イメージを含んだ夢をいくつも報告し、自然と一体化した体験をすることで、無意識の奥に追いやっていた「死」を受け入れることができた。この経過を振り返ることで、心理臨床においては境界的イメージが心の奥深くの傷つきを癒す可能性を見出すことができた。

第4章では、大地である「グラウンド」と、2001年9月11日マンハッタンの貿易センタービルの跡地にできた「グラウンドゼロ」の間には、鋭い刃物で切断された断絶が横たわり、むき出しの悲しみや怒り、無念さや憎しみが放置されている。この「グラウンド」と「グラウンドゼロ」のテーマは、心理臨床のテーマ、中でも摂食障害を抱えた娘と母の間にもしばしば見受けられる。つまり、母と娘の心の断絶が娘の症状として出現する場合が多い。母と娘の切断された境界は、心理療法場面で語られることで、それが母親自身の癒しであると同時に、娘にとっては母なる大地・「グラウンド」として作用することを述べたものである。つまり、ここでは食の病を抱えたクライエントの母親との面接経過を通して、今日という時代の心理臨床においては、母

終　章　母性的風土を培うこととイメージ体験の重要性　187

子関係や家族の在り方を重視するのではなく、人間が五感で捉えうる境界に存在する、「母性的風土」とでも呼ぶべき境界的イメージの体験が重要であることを述べた。

　第5章では、発達障害傾向の若者への心理臨床が、支援やトレーニング的手法で実施されがちであるが、彼らに対しても、時間の要することではあるが、イメージを用いた心理療法的アプローチが十分機能することを考察したものである。見方を変えると、近年発達障害傾向の若者が増加したとされるが、必ずしもそうとばかりは言えないのではないかという問いかけでもある。むしろ、古くから発達障害傾向を有した人は存在していたが、彼らは長い成育歴上さまざまな生の体験を通して、多少の不自由さを感じながらも、社会に適応していったのではないかという、筆者の仮説からの接近であった。そこでここでは、大学入学後に、不本意入学であったことも関連して、知的能力は高いにもかかわらず、在籍4年目になってもほとんど単位が取得できず、うつや摂食障害など不適応症状を起こし学生相談室に来室し、後に発達障害傾向が明白になった女子学生の面接経過を振り返った。当時は大学生に対して発達障害という見立てをされることはほとんどなく、筆者も成育歴上何らかの問題を抱えた摂食障害女性と捉えて、通常の面接を継続していた。しかし、結局在籍年限が過ぎても単位取得が不可能になり、退学を余儀なくされた。その後も、研究室やクリニックの面接室には来室し、筆者との関係は完全に切れることはなく、クリニックに来室し始めて2年目には時々夢を話すことがあった。そのころには彼女に対して、発達障害の疑いを持っていたが、面接室でイメージによる交流を提案し、彼女は夢について語り始めた。そこで2年間ほどの間に彼女が報告した夢の語りを中心とした面接経過を提示し、彼女の心の変容過程を考察した。そこから見えてきたことは、心理療法としてイメージが機能するためには、場が醸成されていなければならないことであった。しかし、かつては、日本の風土として存在した「母性原理」が働き、ごく普通の日常生活をしていれば、母なる大地としてそこに根づくことができ、いわば、場はすでに醸成されていた。ところが、情報

化社会の到来によって、今日では生の体験が減少し、日本文化の基層にある母性原理そのものが機能しなくなったのではないかと考えられた。そこで、生の体験の重要性を述べるとともに、イメージ体験による主体性の構築の過程を考察した。

第2節　日本文化にみる母性的風土と心理臨床

　第Ⅱ部では、心理臨床を実践していく上で、重要と思われる日本の文化について概観した。

　第6章では、かつて河合が『母性社会日本の病理』（河合，1976a）として論じた母性優位の日本社会は、欧米との比較からは、「自我の確立」を困難にさせるものであった。しかし、筆者の心理臨床の実践から見えてきたことは、近年の日本は、自我の確立も十分でないまま、長く触れ続けてきた母性原理も、崩壊の危機に晒されているのではないかということであった。そこで、現実には崩壊の危機に瀕した母性原理をイメージとして体験することが可能ではないかと考え、日本の「風土」について概観し、次章につなげた。

　そこで第7章では、日本の近代化以前の人たちの暮らしを綴った柳田国男の『遠野物語』（柳田，1910/1973）を取り上げた。『遠野物語』は伝承として語り継がれてきた119の短い物語を、柳田国男が遠野の方言ではなく文語体で書き記している。そこには日本人が失ってしまった民族宗教が生きており、日本人の心奥にあると考えられる境界的イメージの世界を物語るものであった。また話の流れは、行きつ戻りつしながら進展する心理療法の経過を語っているようでもあり、これを読むこと自体で「母性的風土」をイメージとして体験することができると考えられた。

　第8章では、『本覚坊遺文』（井上，1981）として出版された、茶湯者千利休とその近辺の人々との関係をつづった著作を分析することで、代表的日本文化である茶湯の営みが「境界イメージ」の体験として機能することを述べ、

終 章 母性的風土を培うこととイメージ体験の重要性　189

それを通して心理臨床実践において、死を見据えた生き方について考えることの重要性を展望した。

　上述のまとめを踏まえ、心理臨床という営みが、「生き方」を考えることであるとすれば、人々はその際に、歴史や文化を避けて語ることはできない。逆から言えば、人々は長い歴史の中で、その土地の地理的条件や気候風土に左右されながら、その土地に合ったそれぞれの文化を生み育てることで、自らの生き方を決定してきたとも言える。日本は太平洋に面し、ユーラシア大陸からも海で隔てられ、南北に長い島国として、独自の文化を育み、その時々に影響を与えられた周辺の国々の文化も、巧みに日本化し発展させてきた。そのプロセスにおいて、あるいは結果として母性原理が豊かに作用する社会を構築し、その上に、西洋の近代自我を積み重ねることで、悩みも抱えはしたが、日本人はある種の安定した「生き方」を継続することができた。
　日本文化の中でも死生観について、河合は「生と死、自と他（世界）の隔壁の浸透性の高さ」（河合，1992）と表現しており、このことは「自分という存在は世界、あるいは宇宙と一体であるという感じを前提とするから生じるのであり、死ぬことによって、自分が『宇宙』のなかにとけこんでいくイメージをもつ」と説明している。この死生観の前提は、日本社会に母性原理が豊かに作用したことと同一の基盤にあり、これらの文化的要素は日本人が持つ生と死のイメージ、つまり「境界イメージ」として、かつては日本人の心の安定を保つために機能していた。
　しかしながら、情報化やグローバル化の急激な進展によって、日本人は、長い歴史の中で育んできた文化的特性を喪失し、日本列島に豊かに作用した母性原理や「宇宙と一体であるという感じ」を体験することが困難になり、人々の心理的基盤が揺らぎ始めている。その現実を踏まえて、心理療法として「境界イメージ」の体験をすることと、その体験を通して死を見据えた自らの生き方を見出すことが重要であることを主張してきた。この「境界的イメージ」や「死を見据えた生き方」の様相について、序章から第5章において、

クライエントの「語り」を通して、第6章から第8章では近代化以前の「物語」を通して論じた通りである。

これらのことから言えることは、日本人が古くから培ってきた母性的風土からの断絶が生じた今日、心理臨床や文化活動を通して「境界的イメージ」を体験することが可能であり、その体験の中で人々は自らの生き方を考えることできる。したがって、心理臨床場面においては、現実的な人間関係や症状を問題にし、喪失体験や心の痛みそのものを取り扱うことが必ずしも重要ではないということである。言い換えれば、もともと私たちの周りに存在していた動植物をはじめとする自然、あるいは宇宙的境界世界に、たまたま私たちが生を受けて存在しているという「境界的イメージ」つまり「母性的風土」を存分に体験し、死を見据えて「いかに生きるか」を自らの心に問いかけることによって、心の問題はおのずから癒えていくのではないかと考えられる。

第3節　これからの心理臨床実践に向けて

前節では、本論文の全体考察を行い、今日の心理臨床活動に求められることが境界的イメージの体験であることを論じてきた。次にその論旨を踏まえて、今後の課題について考えてみたい。

筆者が前章までに述べてきた境界的イメージに関する問題や重要性は、青年期以降の人々を対象とした考察であり、それ以外の年代の日本人のすべてに汎化しうるかどうかについては、今後の課題として残った。予測的なことが許されるとすれば、時代の急激な変化は、幼少期からの体験不足をさらに加速させ、恐らく情報化の進展に比例して、青年期に達するまでの生の体験量は減少し、より幼い時代からの境界的イメージの体験が重要になると考えられる。あるいは超高齢化社会において、自らの死を迎えたときの心理臨床場面において、「境界的イメージ」は相当重要な働きが期待できる。したがっ

て、子どもたちを対象としたプレイセラピーや箱庭療法などのイメージを用いた心理臨床、あるいは、現実に死を見据えた時の心理臨床において、「境界的イメージ」に関するより詳細な考察が求められる。そして、それらを可能にするのは心理臨床家自身が、境界的イメージの豊かな体験を有していることであると考えられる。心理臨床家自身の体験について考えるとき、河合が心理臨床家としての成長を促すために「文学や芸術や、いろいろなジャンルの名作に接すること」あるいは「偉大な芸術作品というのは、心理療法家に勇気や希望を与えてくれる」と述べているは示唆的である（河合，1992）。

　もう一つの課題は、「境界的イメージ」の体験が重要であると論じうるのは、日本人への心理臨床や大学教育を想定しており、他の地域については全く触れることができなかった点である。つまり、かつて「宇宙と一体であるという感じ」を持ち得ていた文化圏の問題を論じたのであり、歴史風土の異なった地域、特にキリスト教文化圏やイスラム教の文化圏とされる地域において境界的イメージの体験が、心理臨床としてどこまで通じるかは予測できないままである。ただ、河合（2000c，2004）がアメリカ原住民やアイルランドのケルト文化について述べているように、その土地固有の民族宗教においては、筆者が主張する「境界的イメージ」の問題が存在し、その重要性を論じることが可能だと感じており、そういった地域についても、人類学や民族学などの知見を参考にしながら論じることが必要であると考える。

おわりに

　生まれて初めて、一冊の本を編んでみて、振り返ってみると、図らずも、河合隼雄の偉大な業績やその魅力を紹介することに終始していた。まだ臨床心理士という資格もないまま、筆者が大学で臨床心理学を学び、その後精神科単科病院に勤務したころ、河合は『ユング心理学入門』（河合, 1967）を著し、日本で初めてユング心理学を紹介した。今から考えると、それは筆者の心理臨床家としての人生に最も影響を与えた出来事であった。

　『ユング心理学入門』の出版について、河合は『日本人とアイデンティティ』（河合, 1984）の中で、「削られた原稿──『ユング心理学入門』の出版をめぐって」とタイトルをつけて、400字詰原稿用紙にして2枚くらいの部分を削除したことを記している。そこでは「一つの文化がいかに強力なものであれ他国の土を踏むや否や、もう変容をとげ始める」という河合の主張の例として、遠藤周作の『沈黙』（遠藤, 1966）を取り上げようとしたが、編集者の忠告を受けて、それを削除したことの経緯を述べている。『沈黙』の中で、キリスト教の司祭ロドリゴが日本人の役人に捕らえられ後、とうとう踏み絵を踏むことになるのだが、その時、彼の足下の土の中から「踏むがいい」という、キリストの声が聞こえてきた。削除された箇所は、そこを取り上げて、「踏むがいい」と語りかけてきたキリストの声の変容を述べ、その時「土」の恐ろしさを感じたことを述べている部分であったという。しかしそれから15年後、河合は遠藤周作との対談などを経て、『日本人とアイデンティティ』の中に、その全文を掲載している。そして、「ものごとをするには、それ相応の『とき』というものがある」と記している。恐らく、西洋の文化として生まれてきたユング心理学は、その根底にはキリスト教文化があり、それを河合が日本で語るためには15年の月日を要し、そういったことは相応の「とき」というものがあることを語っていると思われる。

そして筆者にも今その「とき」がやってきたという気がする。筆者の心理臨床活動はすでに、順序良く終了して、20年に亘るクリニック勤めも3年前に幕を閉じ、2015年3月には27年務めた甲南大学学生相談室も退任した。現実には今も甲南大学学生相談室のカウンセラーとして非常勤で勤務しているが、そう遠くない日に、それも終わりを迎える。子育てをある程度終えて40歳を越えてからの臨床現場への復帰だったので、子育ての経験がそれなりに役立ち、やり易い面もあったが、勉強不足のため、人一倍苦労もした。ただ臨床現場で必死にクライエントには向き合って来たとは思う。それが純然とした心理療法でなくとも、グループ活動や支援・配慮といったことで、クライエントにとって役に立つと考えれば、一生懸命努力を続けた。そんな自分が、一冊の本を編むなどということは、ほんの数年前までは全く考えてもみなかった。2011年に学位論文を提出した際には、確かにいくつかの出版社からお誘いを受けたりもした。しかし、そんな言葉に全く心動かされることはなかった。もともと目立つのが嫌いで、舞台に立つよりは、舞台裏の仕事が自分に相応しいと思って生きてきた。そして舞台裏の仕事としては、自分自身に一応合格点をあげたいと思っていた。また、心理臨床や心理教育の実践を言語化するという意味では、それなりに思索し思い悩み、学生相談室紀要や、学会誌において、秘かに主張もしてきたつもりではある。しかし、本書のような形で、一冊の本を刊行できるとは全く考えていなかった。せっかく与えられた機会ではあるが、この一冊については苦手な表舞台に立って、自分が自分でなくなってしまいそうで、不安で仕方がなかった。どうしてこんな大それたことをしてしまったのだろうと、自分の無謀さを後悔することもあった。しかし、そんな筆者が本書を執筆しようと思い始めたのは、河合のいう「とき」の到来と考えると心におさまっていった。

　それは数年前、「箱庭療法学研究」をぼんやりと読んでいたとき、「『木村晴子記念基金』による学術論文出版助成公募要領」という記事が出ているのを見つけたことから始まった。それを見ているときは、あの世に渡ってからも、社会の表舞台に立ち続ける木村に尊敬と羨望の眼差を向けていただけ

だった。しかし、思い返してみると、めったにお目にかからないにもかかわらず、お会いすれば、論文執筆について、「頑張って」と声をかけてくださっていたことを思い出した。そして、木村の優しい顔を思い浮かべてみると、妙なご縁を感じて、もしかしたら、木村が「書いてみたら」とそっと後押ししてくださっていたのかもしれないと感じられた。その後の1、2年、本書を書き上げることが、筆者の人生の目標になっていった。そして、それも一応終わりに近づいてきた。

　考えてみれば、本書は河合隼雄という偉大な先人に導かれた「私」という治療者の卵が、多くのクライエントとの出会いを通して、治療者になっていく様子、ユング心理学でいう「個性化の過程」を描いていたのかもしれない。そんな風に読んでくださる方があれば幸いだが、筆者自身は次のステージをどう生きるか、もうしばらくゆっくりと思いめぐらしてみたい。

引用文献

赤坂憲雄（1992）．異人論序説　筑摩書房

赤坂憲雄（1994）．遠野／物語考　宝島社

赤坂憲雄（2002）．境界の発生　講談社学術文庫

安西二郎（1995）．新版　茶道の心理学　淡交社

Berque, A. (1990). *Médiance: de milieux en paysages*. Paris: Reclus. （三宅京子（訳）（1994）．風土としての地球　筑摩書房）

Berque, A. (2000). *Écoumène: introduction à l'étude des milieux humains*. Paris: Belin. （中山元（訳）（2002）．風土学序説──文化をふたたび自然に、自然をふたたび文化に　筑摩書房）

Boulding, K. E. (1956). *The image: knowledge in life and society*. Michigan: The University of Michigan Press. （大川信明（訳）（1962）．ザ・イメージ──生活の知恵・社会の知恵　誠信書房）

Carter, F. (1976). *The education of Little Tree*. New York: Delacorte Press. （和田穹男（訳）（2001）．普及版　リトル・トリー　めるくまーる）

Csikszentmihalyi, M. (1975). *Beyond boredom and anxiety*. San Francisci: Jossey-Bass Publishers. （今村浩明（訳）（2000）．楽しみの社会学　新思索社）

Detienne, M. (1986). *Dionysos à ciel ouvert*. Paris: Hachette. （及川馥・吉岡正敏（訳）（1992）．ディオニュソス──天空の下を行く神　法政大学出版局）

道元　正法眼蔵（西嶋和夫（訳）（1976）．現代語訳正法眼蔵　第6巻　金沢文庫）

道元　正法眼蔵（西嶋和夫（訳）（1978）．現代語訳正法眼蔵　第10巻　金沢文庫）

遠藤周作（1966）．沈黙　新潮社

Giegerich, W. (1978). Über die Neurose der Psychologie oder das Dritte der Zwei. *Analytische Psychologie*, 9, 241-268. （河合俊雄（監訳）（2000）．心理学の神経症　ユング心理学の展開──ギーゲリッヒ論集1　魂と歴史性　日本評論社　pp.3-31.）

藤岡喜愛（1974）．イメージと人間──精神人類学の視野　日本放送出版会

藤原勝紀（2001）．三角形イメージ体験法──イメージを大切にする心理臨床　誠信書房

後藤総一郎（監修）（1988）．柳田国男伝別冊付録　三一書房

橋本やよい（2000）．叢書心理臨床の知　母親の心理療法──母と水子の物語　日本評論社

Heine, H. (1853). *Die Götter im Exil*. Heinrich Heines Sämtliche Werke. （小沢俊夫（訳）（1980）．流刑の神々・精霊物語　岩波文庫）

星野道夫（2005-2006）．Michio's Northern Dreams　1-6　PHP文庫

井上光貞（1979）．解説　和辻哲郎（著）風土——人間学的考察　岩波文庫　pp.359-370.

井上靖（1981）．本覚坊遺文　講談社

岩田慶治（1989）．道元の見た宇宙　青土社

Jung, C. G. (1954). *Von den Wurzeln des Bewusstseins*. Zürich: Rascher Verlag.（林道義訳（1982）．元型論——無意識の構造　紀伊國屋書店）

Jung, C. G. (1957). *Die transzendente Funktion*. Zürich: Rascher Verlag.（松代洋一（訳）（1996）．超越機能　創造する無意識——ユングの文芸論　平凡社ライブラリー　pp.113-162.）

Jung, C. G. (1969). *Psychologiscche typen*. Zürich: Rascher Verlag.（林道義訳（1987）．タイプ論　みすず書房　pp.447-452.）

角野善宏（1998）．叢書日本臨床の知　分裂病の心理療法——治療者の内なる体験の軌跡　日本評論社

皆藤章（2010）．日本の心理臨床4　体験の語りを巡って　誠信書房

加藤清（1996）．真の癒しへの黄金の糸　加藤清（監修）癒しの森——心理療法と宗教　創元社　pp.187-225.

加藤周一（編）（2007）．世界大百科事典　第2版　平凡社

河合隼雄（1967）．ユング心理学入門　培風館

河合隼雄（1969a）．精神科学全書20　臨床場面におけるロールシャッハ法　岩崎学術出版社

河合隼雄（1969b）．箱庭療法入門　誠信書房

河合隼雄．（1970）．カウンセリングの実際問題　誠信書房

河合隼雄（1971）．コンプレックス　岩波新書

河合隼雄（1976a）．母性社会日本の病理　中公叢書

河合隼雄（1976b）．叢書・人間の心理　影の現象学　思索社

河合隼雄（1977）．昔話の深層　福音館書店

河合隼雄（1978）．新しい教育と文化の探求——カウンセラーの提言　創元社

河合隼雄・谷川俊太郎（1979）．Lecture books　魂にメスはいらない——ユング心理学講義　朝日出版社

河合隼雄（1982a）．中空構造日本の深層　中公叢書

河合隼雄（1982b）．昔話と日本人の心　岩波書店

河合隼雄（1982c）．夢と昔話の深層心理　小学館創造選書㊼

河合隼雄（1984）．日本人とアイデンティティ——心理療法家の眼　創元社

河合隼雄（1985）．子どもの本を読む　光村図書出版

河合隼雄（1986a）．心理療法論考　新曜社

河合隼雄（1986b）．宗教と科学の接点　岩波書店

引用文献　197

河合隼雄（1987）．明恵夢を生きる　京都松柏社

河合隼雄（1989）．生と死の接点　岩波書店

河合隼雄（1991a）．イメージの心理学　青土社

河合隼雄（1991b）．とりかへばや、男と女　新潮社

河合隼雄（1992）．対話する生と死　潮出版社

河合隼雄（1995）．ユング心理学と仏教　岩波書店

河合隼雄（2000a）．紫マンダラ――源氏物語の構図　小学館

河合隼雄（2000b）．〈総論〉イメージと心理療法　河合隼雄（総編集）講座心理療法　第3
　　巻　心理療法とイメージ　岩波書店　pp.1-23.

河合隼雄（2000c）．ナバホへの旅たましいの風景　朝日新聞社

河合隼雄（2001）．未来への記憶――自伝の試み　上・下　岩波新書

河合隼雄（2002a）．物語を生きる――今は昔、昔は今　小学館

河合隼雄（2002b）．巻頭言　臨床心理学と文化　日本心理臨床学会報　第4号，1.

河合隼雄（2003）．神話と日本人の心　岩波書店

河合隼雄（2004）．ケルト巡り　日本放送出版協会

河合隼雄（2008）．こもりと夢――現代人の処方箋　甲南大学学生相談室紀要第15号，
　　2-14.

河合隼雄（2009）．河合俊雄・田中康裕・高月玲子（訳）日本神話と心の構造――河合隼雄
　　ユング派分析家資格審査論文　岩波書店

河合俊雄（1998）．重症例の病態水準とその治療分類　山中康裕・河合俊雄（責任編集）心
　　理臨床の実際　第5巻　境界例・重症例の心理臨床　金子書房　pp.13-25.

河合俊雄（2000）．心理臨床の基礎2　心理臨床の理論　岩波書店

河合俊雄（2004）．分析心理学的アプローチ　伊藤良子（編）臨床心理学全書　臨床心理面
　　接技法1　誠信書房　pp.50-94.

河合俊雄（2008）．遠野物語から見た意識のあり方について　11月16日キャンパスプラザ
　　京都での日本ユング心理学会セミナーでの発言から

河合俊雄（2010a）．はじめに――発達障害と心理療法　河合俊雄（編）こころの未来選書
　　発達障害への心理療法的アプローチ　創元社　pp.5-26.

河合俊雄（2010b）．対人恐怖から発達障害まで――主体確立をめぐって　河合俊雄（編）
　　こころの未来選書　発達障害への心理療法的アプローチ　創元社　pp.133-154.

河合俊雄（2013）．ユング派心理療法　ミネルヴァ書房

Kerényi, K. (1951). *Einführung in das Wesen der Mytholgie.* Düsseldorf: Rhein Verlag.（杉浦
　　忠夫（訳）（2007）．神話学入門　晶文社オンデマンド選書）

Klopfer, B. and Davidson, H. (1962). *The Rorschach technique: An introductory manual.* New York:
　　Harcourt College.（河合隼雄（訳）（1964）．ロールシャッハ・テクニック入門　ダイア

モンド社）

孔子　論語　巻第一（金谷治（訳注）（1963）．論語　岩波文庫　pp.19-49.）

九鬼周造（1930）．「いき」の構造　岩波書店

熊倉功夫・筒井紘一（編）（1989）．利休像の変遷　千宗左・千宗室（15代）・千宗守（監修）利休大事典　淡交社　pp.750-753.

久徳重盛（1979）．母原病──母親が原因でふえる子どもの異常　サンマーク出版

Leonard, L. S. (1993). *Meeting the madwoman: Empowering the feminine spirit*. New York: Bantam. pp.24-70.

宮島新一（2003）．ミネルヴァ日本評伝選　長谷川等伯──真にそれぞれの様を写すべし　ミネルヴァ書房

Moody, Jr. R. A. (1975). *Life after life*. ,Charles E.Tuttle Co.（中山善之（訳）（1977）．評論社の現代選書　かいまみた死後の世界──よりすばらしい生のための福音の書！　評論社）

中村桂子（2013）．科学者が人間であること　岩波新書

中村哲（1974）．新版　柳田国男の思想　法政大学出版局

Neumann, E. (1953). *Zur Psychologie des Weiblichen*. Zürich: Rascher Verlag.（松代洋一・鎌田輝男（訳）（1980）．女性の深層　紀伊國屋書店）

新村出（編）（2008）．広辞苑　第六版　岩波書店

西浦太郎（2012）．2010年度利用者統計報告　甲南大学学生相談室紀要第19号，76-84.

岡倉覚三　茶の本（村岡博（訳）（1929）．岩波文庫）

大山康弘（2011）．論文評　心理臨床における『境界イメージ』に関する研究（友久茂子）学生相談研究，32 (2)，174-177.

西郷信綱（1972）．古代人と夢　平凡社

佐竹洋人（1987）．意地について　佐竹洋人・中井久夫（編）「意地」の心理　創元社

佐藤映（2017）．2015年度利用者統計報告　甲南大学学生相談室紀要第24号，86-94.

Shaikh, A. A. (2002). *Handbook of Therapeutic Imagery Techniques*. New York: Baywood Publishing.（成瀬悟策（監訳）（2003）．イメージ療法ハンドブック　誠信書房）

茂木洋（1992）．1990年度利用者統計報告　甲南大学学生相談室報告書第2号，47-51.

白洲正子（1974）．明恵上人　新潮選書

Signell, K. A. (1990). *Wisdom of the heart: Working with women's dreams*. New York: Bantam.（高石恭子他（訳）（1997）．女性の夢──こころの叡知を読み解く　誠信書房）

高石恭子（1996）．風景構成法における構成型の検討　山中康裕（編）風景構成法その後の発展　岩崎学術出版社　pp.239-257.

高石恭子（2009）．現代学生のこころの育ちと高等教育に求められるこれからの学生支援　京都大学高等教育研究第15号，79-88.

引用文献 199

田中康裕 (2009). 成人の発達障害の心理療法 伊藤良子・角野善宏・大山泰宏 (編) 京大心理臨床シリーズ7 「発達障害」と心理臨床 創元社 pp.184-200.

田中康裕 (2010). 大人の発達障害への心理療法的アプローチ——発達障害は張り子の羊の夢を見るか? 河合俊雄 (編) こころの未来選書 発達障害への心理療法的アプローチ 創元社 pp.80-104.

友久茂子 (2000). 茶の湯における心理療法的意味について 心の危機と臨床の知vol.1, 甲南大学学術フロンティア研究室 65-67.

友久茂子 (2001). 青年期の危機についての若干の考察——柳田邦男『犠牲』を通して 甲南大学学生相談室紀要第8号 43-52.

友久茂子 (2002). 母親の物語——摂食障害女子学生の母親面接を通して 甲南大学学生相談室紀要第9号, 29-38.

友久茂子 (2004). 学生相談の枠と終結をめぐる一考察 甲南大学学生相談室紀要第11号, 35-45.

友久茂子 (2012). 学生相談における「学生支援」の可能性とカウンセラーの専門性についての一考察 甲南大学学生相談室紀要第19号, 45-54.

友久茂子 (2013). 「この世の果てに来てしまった」と訴えた女子学生との面接過程——発達障害が疑われる学生への学生相談の可能性を考える 甲南大学学生相談室紀要第20号, 44-55.

友久茂子 (2017). 発達障害傾向の女性が表現した夢のイメージ 甲南大学学生相談室紀要第24号, 46-57.

常井千恵子・西河則子 (2002). 2000年度利用者統計報告 甲南大学学生相談室紀要第9号, 59-65.

鶴見和子 (1977). 漂泊と定住と——柳田国男の社会変動論 筑摩書房

Turner, V. W. (1969). *The ritual process: Structure and anti-structure*. Berlin: Walter de Gruyter. (富倉光雄 (訳) (1996). 儀礼の過程 新思索社)

和辻哲郎 (1935/1979). 風土——人間学的考察 岩波文庫

Wing, L. (1996). *The autistic spectrum: A guide for parents and professionals*. London: Constable & Company. (久保紘章・佐々木正美・清水康夫 (監訳) (1998). 自閉症スペクトル——親と専門家のためのガイドブック 東京書籍)

山折哲雄 (1991). 臨死の思想——老いと死のかなた 人文書院

柳田国男 (1910/1973). 遠野物語 新潮文庫

柳田國男 (1926/1989). 山の人生 柳田國男全集4 筑摩書房 pp.77-252.

柳田国男 (1974). 故郷七十年 朝日新聞社

柳田邦男 (1995). 犠牲——わが息子・脳死の11日 文芸春秋

人名索引

[ア行]

赤坂憲雄　67-68, 80, 156-157, 159
安西二郎　177
家康→徳川家康を見よ。
池田満寿夫　81
井上光貞　146
井上靖　7, 166-167, 184
岩田慶治　78
ウィング（Wing, L.）　103
遠藤周作　192
大山康弘　46-47
岡倉天心（覚三）　166
岡野江雪斎　168
織田有楽　170
織部→古田織部を見よ。

[カ行]

皆藤章　183
加藤清　100
角野善宏　45
河合俊雄　27-28, 49, 59, 82, 103-104, 131, 149
河合隼雄　5, 11, 13, 15-23, 26, 31, 66, 68-69, 78, 137, 139-141, 152, 165, 167, 174, 179, 185, 188-189, 191-192
ギーゲリッヒ（Giegerich, W.）　65
九鬼周造　96
クロッパー（Klopfer, B.）　15
ケレーニイ（Kerényi, K.）　77
古渓和尚　168, 175

[サ行]

佐竹洋人　95
シェイク（Shaikh, A. A.）　10
シグネル（Signell, K. A.）　95
白洲正子　21
千利休　167-171, 173-177, 181, 183, 188
宗二→山上宗二を見よ。
宗旦（千宗旦）　171

[タ行]

ターナー（Turner, V. W.）　68, 179
高石恭子　26, 57, 103, 142
田中康裕　104, 126, 129, 133
谷川俊太郎　18
チクセントミハイ（Csikszentmihalyi, M.）　78
鶴見和子　163
ディオニュソス　176
ディティエンヌ（Detienne, M.）　176
デーメーテール　77
道元　72, 78, 81
東陽紡　167
徳川　182
徳川家康　174, 182

[ナ行]

中村桂子　146
中村哲　152
新渡戸稲造　73, 79
ノイマン（Neumann, E.）　77

[ハ行]

ハイネ（Heine, H.）　151
橋本やよい　93, 98

長谷川等伯　　74, 81, 83
秀吉（豊臣秀吉）　　168, 172-176, 178
藤岡喜愛　　10
藤原勝紀　　101
古田織部　　169-171, 174-176
ベルク (Berque, A.)　　145-146
ペルセポネー　　77
ボウルディング (Boulding, K. E.)　　10
星野道夫　　75, 81
本覚坊　　7, 166-171, 173-175, 177, 181,
　　184

[マ行]
宮島新一　　81
明恵上人　　21
ムーディ (Moody, Jr. R. A.)　　160

[ヤ行]
柳田国男　　22-23, 28, 86, 148-151, 160,
　　163, 184, 188
柳田邦男　　33, 99
山折哲雄　　182
山上宗二　　168-169, 171, 174, 176, 182
ユング (Jung, C. G.)　　9, 22-23, 49,
　　137, 163, 174
横尾忠則　　81

[ラ行]
利休→千利休を見よ。
レナード (Leonard, L. S.)　　98

[ワ行]
和辻哲郎　　143, 146, 183

事項索引

[ア行]

あきらめ　95-96

諦め　96

悪　20, 22

アスペルガー障害　26

『新しい教育と文化の探求』　16-17

甘え　96

アマテラス　140

暗黒の暗闇という側面　176

暗黒の深さ　137, 175

家意識　146

異界　155-156, 161-162

　　──や他界への通路　156

いかに生きるか　183

いかに死ぬか　183

いき　96

粋　97

生き方　189

意気地　96

意地　95, 97

意識　11-12

　　──化　60, 95, 97-98, 146

　　──化への努力　142

　　──と無意識の間　154

異質の他者　28

異常な自然現象　182

『異人論序説』　28

イスラム教文化圏　191

慈しみ育てること　137, 175

イニシエーション　45, 160

イメージ　5-6, 9-11, 13, 22, 24, 34, 42,

45-46, 49, 57, 59, 61, 64-66, 68, 79, 86,

94, 98, 104-105, 123, 133, 142, 148-149,

152, 156, 163, 167, 178, 182, 184-185, 191

　　──の「私」性　12

　　──表現　43, 57-58, 66, 104

イメージ体験　7-8, 12, 28, 34, 42, 45-

47, 100, 129, 133, 148, 166, 179, 184, 188

　　──の表現　12

『イメージの心理学』　24

『イメージ療法』　10

癒しの体験　83

異類婚　157

動き　28

内なる原始人や未開人　163

内なる分裂病（統合失調症）コンプレッ

　　クス　45

宇宙的境界世界　190

宇宙と一体である　189

　　──という感じ　191

うつ

　　──症状　78, 104, 114, 120, 130

　　──状態　72, 112

『宇津保物語』　22

姥捨　67

ウロボロス　77

絵　49

永遠の少年　138

SPS　47

エディプス願望　178

エレベーター　51

　　──の夢　59

エンパイアーステイトビルディング

　　32-33, 46

オクナイサマ　157

オシラサマ　157

事項索引　203

『落窪物語』　22

[カ行]

解体　45

階段　51

『かいまみた死後の世界』　160

解離症状　6, 48-49, 185

解離性障害　27

『カウンセリングの実際問題』　17

格差　3

学生

　──支援　126

　──相談　33, 125, 131

　──相談室　14, 19-20, 26, 35, 42-43, 46-48, 55, 58, 89, 102-104, 126-127, 187

影　20-22

『影の現象学』　19

家族のイメージ　81

語り　12, 190

学校恐怖症　139

河童　159

かなしみ　22

神隠し　154

神がくし　156

感覚的な意味　145

感情

　──体験　12

　──表現　53

儀式　42

『犠牲』　33

饗宴的情動性　137, 175-176

境界　25, 27, 66-69, 78, 186

　──世界　130, 134

　──的世界　6-7, 83, 86, 128, 164, 179-180, 184

　──的体験　142

　──領域　68, 78-79, 186

　──を語る言葉　69

境界イメージ　68-69, 82, 87, 152, 188

境界的イメージ　6-7, 146, 148, 164, 166-167, 183-184, 186-187, 190

境界的イメージ体験　149

境界例　27, 66

共通

　──感覚　5, 99, 132, 175, 179

　──体験　5

ギリシャ神話　77

キリスト教　22, 151

　──文化圏　191

切り分ける作用　68, 186

切る作用　80

近代自我　189

空間的世界　82

空間的な人間存在　144

具象的　12

グラウンド　85-86, 186

グラウンドゼロ　31, 33, 84-86, 186

グリム童話　21

グループカウンセリング　19

グループ活動　193

グレートマザー　21

黒犬の夢　22

結合　45

元型　24, 98, 138

言語　11, 25

　──化　13

原罪　22

原始、未開人を発掘　163

『源氏物語』　22, 175

原悲　22

個　142

　　——の倫理　138

五感　4, 9, 187

『故郷七十年』　149

心

　　——の現実　101

　　——の変容　179

『古事記』　23

個性化の過程　194

こだわり行動　27

孤独　127

　　——死　114

『子どもの本を読む』　21

コムニタス　68, 179

　　——状況　69

『コンプレックス』　17

［サ行］

『ザ・イメージ』　10

再生　181

桜前線　143

叫び声　155

山人論三部作　151

死　6, 25, 176, 186

　　——と隣接　182

　　——に到らしめる　176

　　——の恐怖　83

　　——を見据えた　183

　　——を見据えた生き方　189

　　——を見据えた生　166

　　——を見据えて「いかに生きるか」

　　　190

支援　3, 103, 193

自我　11, 20, 61, 128-129, 132, 139

　　——の確立　139, 188

——発達　57

しがみつき　176

自我を超えた意識　67

此岸　67

時間性　27

自己

　　——イメージ　62-63

　　——中心性　57

　　——保存の段階　77

『自証三昧』　79

自刃　180-181, 183

死生観　189

自然　11, 67, 190

　　——と一体化した体験　186

　　——との一体感　81

　　——との共生　142

　　——との交流　184

　　——の中にある　146

質的な変化　3, 103, 185

質的変化　4, 35

自と他の境界　84

自閉症スペクトラム　26

釈尊の象徴　95

宗教　24

　　——性　166, 182

『宗教と科学の接点』　24

主訴　102

主体

　　——性　27, 58, 127, 132, 144, 183

　　——性の欠如　103, 185

　　——性の構築　188

　　——的思い　124

　　——的「体験」　185

　　——的な思い　126

　　——的に悩む　26

事項索引　205

──的に悩めない　185
──と客体との間　146
──の欠如　27-28
受容的・忍従的　144
上下運動　59
象徴性　27
『正法眼蔵』　72, 78-79, 81, 83
松林図　74, 81, 83
女性
　──性　97, 127-128, 145
　──的側面　97
自律的　12
人格的な変容　4, 6, 68, 104, 131, 133, 185
神経症　27
心身症　66
身体　176
　──感覚　12, 129, 162
　──性　80, 99
　──を通した体験　185
心的エネルギー　12
神仏
　──との交流　142
　──との交わり　184
心理学　65, 180
心理的価値　10
心理療法　49, 56, 65-66, 68-69, 77-78, 82-83, 86, 89, 100, 104-105, 123, 131-133, 148, 152, 162, 165, 178-179, 182, 185, 187, 189, 193
　──的　183
　──的アプローチ　187
『心理療法論考』　20
心理臨床実践　148
『神話と日本人の心』　23

水路　121
数寄の心　179
巣立てない　142
スリーマイル島　140
西欧的自我の確立　142
生死
　──の境界　84, 162
　──の境界上の物語　163
　──の境　161
精神構造　146
精神人類学　10
生と死　25, 152, 183
『生と死の接点』　25
青年期危機　33
生命誌 (Biohistory)　4, 145
生命の根源　94
生命力　143
摂食障害　6, 27, 69, 97, 104, 114, 123, 186
　──者　59
絶対的孤独　33
　──感　34, 43, 46-47
絶対的信頼関係　180
絶対的平等性　174
切断する　138
接点　28
蝉宇宙　79
『全機』　79
草庵　177
喪失体験　6, 69, 150, 186, 190
創造性　12, 25
相補性や相互性　179
それ相応の「とき」　192
存在の危機　57

[タ行]

体験　11, 13, 28
　　——不足　4, 190
退行　53, 60
第三のもの　66
第三の要因　65
対象関係が確立　180
対人恐怖　27
大地に根付く　44
　　——体験　34, 147
胎内くぐり　178
『タイプ論』　9
太母　94
太陽神　140
他界　67
多義的　12
魂　24, 54, 65-66, 81, 176, 178, 182
　　——の記録　61, 64
『魂にメスはいらない』　18
男女の境界　162
男性
　　——性　60, 78, 121
　　——像　95
断絶　85-86
ダンノハナ（共同墓地）　67, 161
父の娘　23
知的武装　43
茶会　174-176
茶室　177-178, 182
『茶の本』　166
茶湯　7, 165, 183
「茶湯者覚悟十体」　179
中空均衡構造　23
『中空構造日本の深層』　23, 140-141
中空への侵入者　141

「中立性」というスタンスの放棄　133
超越機能　49
鳥瞰図　57
超高齢化社会　190
直接
　　——性　27
　　——的　12
地理的条件　28
治療者イメージ　61
『沈黙』　192
沈黙の増加　78
通過儀礼　68, 179
通路　121, 128, 177
　　——と階段　134
辻　149
つなぐ作用　68, 80, 186
適応　3, 185
統合　45
統合的学生支援、SPS (Student Personnel
　　Services)　46
『遠野物語』　7, 28, 67-68, 142, 148-
　　149, 151-152, 164, 184, 188
「とき」の到来　193
『とりかへばや、男と女』　22
『とりかへばや物語』　22
トリックスター　21

[ナ行]

内界　64, 163
内向
　　——感覚型　23
　　——直感型　23
内的
　　——現実　152
　　——人格 (Seele)　163

事項索引　　207

――体験　9, 35, 185
――欲求　178
生の
　――体験　4, 8, 133, 187, 190
　――体験が減少　188
生身の
　――コミュニケーション　26
　――体験　28
悩めない　103, 142
ナレーション　93
日常　177
二人称の死　33
二人称の視点　99
日本化　189
『日本人とアイデンティティ』　192
『日本神話と心の構造』　23
人間の存在　145
熱狂的肯定や否定　12
涅槃像　80
能力主義　138
呑み込み　176

[ハ行]
場　132
　――作り　131-132
　――の在り方　33
　――の倫理　138
背後にあるもの　22-23
配慮　193
破壊力をもつ自然　86
はぐくみ育てる側面　176
箱庭　6, 16, 24, 49-50, 53-54, 62-63
　――療法　16, 191
『箱庭療法入門』　16
発達障害　6, 26-28, 121, 126, 133, 142

――傾向　103-105, 123-125, 131,
　133-134, 187
母親　17, 19
　――イメージ　59, 101
『母親の物語』　86
『浜松中納言物語』　22
反自然　11
万有との深い出会い　100
美意識　166
彼岸　67, 81
ビジョン　180, 183
媚態　96
非日常　7, 163, 177, 183
日の女神　23
平等主義　138
ファンタジー　24
風景構成法　6, 50, 56-58, 119
風土　28, 143-144, 146, 183, 188
『風土学序説』　145
『風土としての地球』　146
不寛容　3
無粋　97
父性　141
　――原理　138, 140
　――的　182
二つの世界　65
不適応　3
不登校や恐怖症　141
不立文字　180
ふるまう　175
プレイセラピー　191
フロー経験　78
文化　189
　――圏　191
『文化の病』　165

文明の力　86
分離　45
ペルソナ　163
変容過程　187
変容の可能性　68
ポアンカレー予想　79
崩壊　45
包含する機能　174-175
母原病　17
『母原病』　137
菩薩像　138
母性　7, 17, 137, 139-140, 167, 174, 178
　　――原理　132, 137-138, 140, 142,
　　167, 174, 187-189
　　――社会　7, 132, 143
　　――性　167
　　――的　77, 175-176, 182
　　――的風土　6-7, 28, 33, 86-87, 99,
　　100-101, 132-133, 142, 146-147, 149,
　　162, 164, 166, 183-184, 187-188, 190
　　――の喪失　137
『母性社会日本の病理』　18, 137, 140,
　　188
母胎への回帰　178
『本覚坊遺文』　7, 165, 183-184, 188
本性　11

[マ行]
マイナスイメージ　94
マッドウーマン　98
間引き　150
マヨヒガ　156
曼荼羅　182
道ちがへ　160
見ている主体　61

『明恵上人』　21
『明恵夢を生きる』　21-22
『未来への記憶』　16
民族宗教　188, 191
無意識　6, 11, 61, 77, 128
　　――的　45
　　――的意図　152
　　――の流れ　94
『昔話と日本人の心』　21
『昔話の深層』　18, 21
息子の死　81
『紫マンダラ』　22
冥界　168
　　――への道　181
面接室　177
もう一つの世界　56, 58
もてなされた経験　180
もてなし　175
物語　8, 190
『物語を生きる』　22
モンスーン型　144

[ヤ行]
『柳田国男伝』　149
山姥　162
『山上宗二記』　179
『山の人生』　86
止むにやまれぬ思い　132-133
夢　6, 24, 42, 49-50, 53, 55-56, 58, 61,
　　68-69, 71, 73-77, 80, 91-92, 105, 115-
　　116, 119, 121-122, 130, 168, 173-174,
　　180-181, 183, 186-187
　　――分析　24
『夢記』　22
『夢と昔話の深層心理』　21

事項索引　　209

ユング心理学　　18, 20, 24
『ユング心理学入門』　　14, 192
ヨーロッパの「土」　　139
黄泉比良坂　　67

[ラ行]
来世　　178
離人
　──感　　32, 60, 72
　──症状　　57
『リトル・トリー』　　75, 81
リミナリティ　　68, 78, 179
領域　　25
両価的な思い　　64
臨死体験　　160
『臨床場面におけるロールシャッハ法』
　　15-16
『流刑の神々』　　152
歴史　　189
蓮台野　　67-68, 161
廊下　　51, 116-117, 121, 128-129
『ロールシャッハテクニック入門』　　15
六角堂参籠の際の夢　　138
『論語』　　179

[ワ行]
枠　　46, 48, 131, 133, 185
　外的──　　49, 162
　切る──　　64
　包む──　　59
　内的──　　49, 65
侘数寄　　172
侘茶　　177, 180-181

初出一覧

序　章　第2節　「私」の心理臨床──ブックレビューを通して
　　　▶友久茂子（2007）．私のブックレビュー──河合隼雄先生を偲んで　甲南大学学生相談室紀要，15，31-39.

第1章　「イメージ」を受けとめることの困難
　　　▶友久茂子（2006）．イメージの重要性についての一考察──自ら命を絶ったA君との面接過程を通して　甲南大学学生相談室紀要，14，23-32.

第2章　「イメージ表現」の重要性
　　　▶友久茂子（2006）．心理療法におけるイメージの意味　箱庭療法学研究，19（1），19-33.

第3章　イメージの境界性
　　　▶友久茂子（2010）．心理療法における境界イメージをめぐる一考察──繰り返し喪失体験をした女性の夢を通して　箱庭療法学研究，23（1），3-16.

第4章　境界イメージとしての「母性的風土」
　　　▶友久茂子（2003）．「意地」と「あきらめ」に寄り添って──摂食障害者の母親事例より　松尾恒子（編著）母と子の心理臨床　第8章　創元社　pp.232-249.

第5章　発達障害傾向の若者の増加とイメージ体験
　　　▶友久茂子（2012）．「この世の果てに来てしまった」と訴えた女子学生との面接過程　甲南大学学生相談室紀要，20，44-56.

　　　▶友久茂子（2016）．発達障害傾向の女性が表現した夢のイメージ　甲南大学学生相談室紀要，24，46-58.

第7章　『遠野物語』にみる日本人のイメージ
　　　▶友久茂子（2008）．心理療法の一助としてみる『遠野物語』のイメージについての一考察　甲南大学学生相談室紀要，16，75-84.

第8章　母性的風土としての茶湯──『本覚坊遺文』を通して
　　　▶友久茂子（2003）．日本文化に見る母性的営みについて──『本覚坊遺文』を通して　松尾恒子・高石恭子（編著）心の危機と臨床の知2　現代人と母性　新曜社　pp.187-211.

謝　辞

　本書は、2011年3月に京都大学教育学研究科より博士（教育学）の学位を授与された学位論文『心理臨床における「境界イメージ」に関する研究』に基づいたものです。「箱庭療法学モノグラフ」の一冊として出版されるにあたりましては、一般社団法人日本箱庭療法学会木村晴子記念基金による、2017年度学術論文出版助成を受けました。

　筆者が学位論文を執筆していた2010年秋、木村晴子先生は日本箱庭療法学会第24回大会中に急逝されましたが、その前日、大会会場でお目にかかり、「いい学位論文になるから頑張って」と励ましの言葉をいただきました。先生が甲南大学文学部人間科学科教授として赴任された時、筆者も同じ大学の学生相談室カウンセラーとして勤務しており、先生の研究室と学生相談室は同じ建物の中にあったのですが、ゆっくりお話しする機会はめったにありませんでした。ただ、河合隼雄先生の講演会には顔を見せてくださり、講演会後の懇親会には必ず出席され、親しくお話しする機会がありました。いつも穏やかで、少女のように透明感のある雰囲気を漂わせ、現実をがつがつ生きている筆者には心地よい清らかな風に触れた気がしました。河合隼雄先生が旅立たれてからは、ほとんどお目にかかることが無くなっていたのですが、本書の第2章で登場してもらった「アイさん」の論文の執筆に悩んでいたとき、ふと声をかけてくださり、「自分の学位論文がこんなに役に立つとは思わなかった」などと話され、臨床家として生きていく上でも、論文を書くことが大切なことを教えていただきました。また、スイスに留学されてドラ・カルフ女史と会われた時、帰り際に「今日の話は二人だけの秘密にしましょ」と耳打ちされたことで関係が深まったことを話してくださいました。そして、筆者が退室する際に、先生はにっこりとして「今日のお話は二人だけの内緒にしましょ」とささやいてくださり、筆者には熱いものがこみ上げ

ました。今日、木村晴子記念基金の助成による本書を出版できることは、本当に感慨深いものがあります。このような言い方は不謹慎かもしれませんが、もし、木村晴子記念基金でなかったら、事例を中心とした自分の学位論文を、出版する気持ちにはならなかったと思います。木村先生、本当にありがとうございます。またいつかそちらの世界でお目にかかれる日を楽しみにしています。深い感謝と共にご冥福をお祈り致します。

　本書のもととなった学位論文をまとめるにあたっては、京都大学教育学研究科教授皆藤章先生の懇切なるご指導を賜りました。深くお礼申しあげます。また2005年教育学研究科に臨床実践指導学講座が新設され、その一期生として入学を許可していただき、ご指導いただいた藤原勝紀先生には、心理臨床の奥深さと厳しさを教えて頂きました。そして桑原知子先生には、箱庭やイメージを用いた心理療法の論文を書く際に細やかなご指導をいただきました。大山泰宏先生には筆者の学位論文について、学生相談学会の学会誌「日本学生相談学研究」にご投稿いただき、示唆に富んだご指摘をいただきました。さらに教育学研究科における毎週のカンファレンスでは、岡田康伸先生をはじめ大勢の先生方に、刺激に富んだご指摘をいただき、日々の心理臨床や論文の執筆に役立てることができ、それが本書の原動力になったと感じております。心よりお礼申し上げます。

　振り返ってみれば、筆者が40歳を目前にして、甲南大学人文科学研究科修士課程で学び、その後学生相談室に勤務することができましたのは、それを温かく見守っていただいた甲南大学名誉教授松尾恒子先生の存在を抜きにしては考えられません。また、本書のもとになった「学生相談室紀要」の小論を長年にわたって執筆することができましたのは、甲南大学文学部教授であり専任カウンセラーでもある高石恭子先生の後押しがあってのことです。高石先生は同僚でもありますが、筆者にとっては最も身近な指導者でもありました。先生方には筆者が心理臨床活動を再開した時から今日まで、人生の後半にずっと寄り添っていただきました。本当にありがとうございます。ま

た学生相談室でご一緒させていただき、心理臨床実践活動を支えていただいた甲南大学学生相談室の何代にもわたる室長の先生方、そして大勢のカウンセラーの先生方、授業の準備や事務処理など筆者を助けてくださった代々の事務職員の皆さまにも深くお礼申し上げます。

　そして、筆者と共に心理臨床場面で心の仕事をしていただき、筆者にさまざまな示唆を与えてくださった、大勢のクライエントの皆さまに深謝します。中でも絵や夢の記録を含めた記述について、論文に掲載することを許可していただいたクライエントの皆さまの存在がなかったら、本書を仕上げることはできませんでした。皆さまとの出会いと教えに感謝するとともに、皆さまのご多幸を心からお祈り致します。

　本書の刊行にあたって、創元社心理学術部の柏原隆宏さんと宮﨑友見子さんに大変お世話になりました。筆者にとって初めての、そして恐らく最後になる本書を書き上げるために細やかな心配りをしていただきました。改めてお礼申し上げます。

　最後に、敗戦後の貧しい時代に筆者を生み育ててくれた、今は亡き父と母にも感謝の念を捧げます。そして、爆笑トークやスリリングな行動を通して、筆者に人生の喜怒哀楽を与えてくれた5人の子どもたちとその家族に、中でも笑顔と甘えで筆者の心を満たしてくれる15人の孫たちにも「ありがとう」と言いたいと思います。

著　者──友久茂子（ともひさ・しげこ）

1947年6月、大阪府生まれ。2008年、京都大学大学院教育学研究科博士後期課程研究指導退学。教育学博士。臨床心理士。2015年3月まで甲南大学学生相談室特任教授、現在甲南大学学生相談室カウンセラー。専門は臨床心理学。

共著書：『ライフサイクルの心理学──心の危機を生きる』（燃焼社　1999年）、小林哲郎・高石恭子・杉原保史（編）『大学生がカウンセリングを求めるとき──心のキャンパスガイド』（ミネルヴァ書房　2000年）、松尾恒子（編）『母と子の心理療法』（創元社　2003年）、松尾恒子・高石恭子（編）『現代人と母性』（新曜社　2003年）。
共訳：高石恭子（訳者代表）『女性の夢　こころの叡智を読み解く』（誠信書房　1997年）。

箱庭療法学モノグラフ
第6巻

イメージの治癒力をめぐって

2017年10月10日　第1版第1刷発行

著　者───友久茂子

発行者───矢部敬一

発行所───株式会社 創元社

〈本　　社〉
〒541-0047　大阪市中央区淡路町4-3-6
TEL.06-6231-9010（代）　FAX.06-6233-3111（代）
〈東京支店〉
〒162-0825　東京都新宿区神楽坂4-3 煉瓦塔ビル
TEL.03-3269-1051
http://www.sogensha.co.jp/

印刷所───株式会社 太洋社

©2017, Printed in Japan
ISBN978-4-422-11476-7 C3311

〈検印廃止〉

落丁・乱丁のときはお取り替えいたします。

装丁・本文デザイン　長井究衡

JCOPY 〈出版者著作権管理機構 委託出版物〉

本書の無断複写は著作権法上での例外を除き禁じられています。複写
される場合は、そのつど事前に、出版者著作権管理機構（電話 03-3513-
6969、FAX 03-3513-6979、e-mail: info@jcopy.or.jp）の許諾を得てください。